Winfried Henze / Das Prinzip Hingabe

fe-medien, Kisslegg

www.fe-medien.de
1. Auflage 2013

Gestaltung: Renate Geisler
4 Fotos: (Toni Zenz, Christus und die Kirche, Bronze, Braunschweig; Pastor Winfried Henze) und Umschlagentwurf: Barbara Maßmann
1 Foto (Kard. Kasper): dpa
Bibelzitate aus der Einheitsübersetzung 1980,
Katholische Bibelanstalt GmbH, Stuttgart
Druck: CPI - Ebner & Spiegel, Ulm
ISBN: 978-3-86357-055-2
Printed in Germany

Winfried Henze

Das Prinzip Hingabe

Über Christus, Kirche und priesterliche Existenz

Inhalt

Zum Geleit

Pfarrer Winfried Henze hat uns vor 25 Jahren den Familienkatechismus „Glauben ist schön“ geschenkt. Der in Briefform geschriebene Katechismus hat viele Auflagen erlebt und vielen geholfen, die Schönheit, die Leuchtkraft, das Heilende und Befreiende des christlichen Glaubens neu zu entdecken. Aber Winfried Henze wäre nicht der erfahrene Religionslehrer, Landpfarrer, Stadtpfarrer und Redakteur, wenn er nicht auch um die Fragen und Bedenken wüsste, die sich heute auch vielen praktizierenden Christen stellen und sie oft ratlos machen. Sie meinen oder fürchten, die Kirche, der sie – vielleicht noch – angehören, sei im Grunde ein Auslaufmodell, sie sei mit ihrer Botschaft vom Kreuz, in Sachen Frauen, Partnerschaft, Zölibat und vielem anderen einfach out.

Diesen Fragen will sich das vorliegende Buch in einer verständlichen Sprache, aber keineswegs in oberflächlicher Weise stellen. Ausgehend von einem – wie er sagt – auf den ersten Blick riskanten Bild, in dem sich der Gekreuzigte der als Frau personifizierten Kirche als seiner Braut liebend zuwendet, geht es ihm darum zu zeigen: Gott ist Hingabe, und der Christ steht vor der Herausforderung in der Kraft der Liebe Gottes sein Leben zum Geschenk zu machen.

So will Winfried Henze mit seinem Buch „Das Prinzip Hingabe“ so wie schon Papst Johannes XXIII. bei der Eröffnung des II. Vatikanischen Konzils, wie Papst Johannes Paul II., Papst Benedikt XVI. und nun Papst Franziskus gegen alle Bedenkenträger ein Mutmacher sein. Das brauchen wir heute und dazu kann man ihm nur viele Leser wünschen.

Rom, Ostern 2013
Kardinal Walter Kasper

Ein riskantes Bild?

Du öffnest die schwere Tür zur Heilig-Geist-Kirche in Braunschweig-Lehndorf, trittst ein und bist aufgenommen von einem hohen Raum. Die Wände in hellem, fast hartem Weiß ziehen Blick und Schritt nach vorn, wo sie ohne Fuge ins Halbrund des Altarraumes übergehen, eine Bronze-Skulptur umfassend, die über dem Altar schwebt. Ihr gilt sogleich alle Aufmerksamkeit.

Der Gekreuzigte über der Stätte des Messopfers – das wird niemanden überraschen. Doch seine Gestalt zeigt eine ungewöhnliche Haltung. Die Arme sind ausgebreitet, aber nicht festgenagelt, vielmehr nach vorn gebogen wie zu einer Umarmung. Und eng an den Herrn lehnt sich eine weibliche Gestalt. Ihr neigt er in inniger Hingabe sein Haupt zu.

Die Kreuzigung als Begegnung Liebender? Ein quasi-erotisches Kultbild über dem Altar?

„Christus und die Kirche" – so hat der Künstler Toni Zenz vor mehr als fünfzig Jahren sein Werk genannt. Hat er mit seiner ausdrucksvollen Formensprache zu viel riskiert?

Das Kreuzesopfer als Liebesbegegnung des Herrn mit der Kirche, als letzte Stufe der Hingabe Gottes an den Menschen. Eingefasst ist die Szene durch eine stilisierte Taube, das Symbol des Heiligen Geistes, der göttlichen Liebe in Person. Wir schauen auf den Altar darunter. Hier steht bei der Eucharistiefeier der Priester, hier spricht er die Worte vom Leib des Herrn, der für uns hingegeben wird. Hier vollzieht er seinen Dienst „in der Person" dessen, der sich am Kreuz verschenkt. Was sagt dieses Bild über ihn, den Priester?

Umarmung – Hingabe – Liebe. Darf man die Begegnung mit

Christus, die sich in der Eucharistiefeier vollzieht, so eindeutig im Bild der Liebe zwischen Mann und Frau darstellen?

Aber während wir zögern, dem Kreuzesopfer – und damit der Eucharistiefeier – diese Deutung zu geben, kommt uns Papst Benedikt XVI. entgegen mit seiner Enzyklika über die Liebe. Gleich am Anfang dieses wunderbaren Textes, in dem es um die Liebe Gottes geht („Deus caritas est" „Gott ist die Liebe"), nennt der Papst die Liebe zwischen Mann und Frau den „Urtypus der Liebe schlechthin". Und damit schlägt er einen Grundakkord der Bibel an: Da wird doch Gottes Liebe zu seinem Volk Israel immer wieder mit der Hingabe verglichen, die Bräutigam und Braut miteinander verbindet. Im „Hohen Lied", dieser Perle hochpoetischer Liebeslyrik, feiert die Bibel die Schönheit und Kraft der menschlichen Liebe – und schon in alttestamentlicher Zeit wird dieser Text auf Gott und sein Volk bezogen. Im Neuen Testament begegnet uns Christus als der göttliche Bräutigam. In den urkirchlichen Schriften, bei den syrischen Kirchenvätern zum Beispiel, oder bei Augustinus, wird die Kirche als Braut Christi gesehen. Der heilige Bernhard von Clairvaux stellt diese Brautmystik in den Mittelpunkt seines theologischen Denkens, im hohen Mittelalter zeugen die Kommentare zum Hohen Lied von einer tiefen, empfindungsreichen Christusfrömmigkeit, die mystisch begabten Ordensfrauen jener Zeit, die von Helfta zum Beispiel, finden sich in diesem Bild als Bräute Christi wieder. Theologen unserer Zeit haben diesen Gedanken bei ihrem Bemühen um ein tieferes Verständnis der Kirche aufgegriffen, Hans Urs von Balthasar hat die Kirche als Braut des göttlichen Wortes („Sponsa verbi") beschrieben. Ist es wirklich riskant, dieser starken Tradition in Theologie und Frömmigkeit künstlerischen Ausdruck zu geben?

Doch dann gibt es wieder Zweifel. Am Kreuz hat der Herr das Sühnopfer für unsere Sünden vollzogen, lehrt die Kirche. Dem Vater hat er es dargebracht. Müsste da der Gekreuzigte nicht zum Vater aufblicken – statt sich der an ihn gelehnten Gestalt zuzuwenden? Und ist es eigentlich richtig, dass man den Priester, durch dessen Handeln doch das Kreuzesopfer gegenwärtig wird, seit dem Konzil hinter den Altar gestellt hat, sodass er die Gemeinde anschaut, statt mit ihr gemeinsam opfernd vor dem Vater zu stehen?

Wem gilt die Hingabe des Herrn am Kreuz? Dem Vater, dem allein alle Hingabe gebührt? Oder doch uns, der Kirche, der sündigen Menschheit, die diese Umarmung des Gottessohnes ersehnt?

Indessen: Geht es hier wirklich um ein Entweder-Oder? Christus ist der Mittler: Gilt das nicht in beiden Richtungen: Mit uns und für uns zum Vater – und ebenso vom Vater zu uns?

Immer mehr Gedanken, immer mehr Fragen. Wie ist der Vater zu verstehen? Nur als der, der das Opfer annimmt zu unserer Erlösung – oder doch auch selbst als der Gebende: Er schenkt uns seinen Sohn, sagt die Bibel (Röm 3,28). Und sind wir erst einmal auf dieser Gedankenspur, werden wir weiter fragen: Muss man von diesem Geschenk des Vaters erst jetzt, bei der Kreuzigung des Sohnes, sprechen – oder nicht doch schon bei seiner Menschwerdung?

Nochmals die weibliche Gestalt, die ihre geöffneten Hände unter die Herzwunde des Gekreuzigten hält, mit Hand und Auge seine Zuwendung annehmend und erwidernd: Wenn wir so die Kirche sehen – müssten wir dann nicht ganz neu und anders über sie sprechen? Wie weit sind so manche Diskussionen unserer Zeit von dem entfernt, was uns hier erschlossen wird?

Und was sagt uns dieses Bild der gegenseitigen Hingabe über

den Priester, der doch – wie das Konzil lehrt – „in der Person Christi“ hier steht?

Da schießen einem mancherlei Gedanken durch den Kopf. Erinnerungen an irgendwann einmal Gelesenes oder Gehörtes werden wach und mischen sich hinein. Irgendwann kommt man mit Freunden ins Gespräch und hört dann auch die brüderliche Mahnung: Nun schreib das doch mal auf, was uns hier bewegt, es mag doch vielleicht auch andere interessieren! Den Einwand, dies sei Sache der gelehrten Theologie, lassen sie nicht gelten. So ein Gemeindeseelsorger sei doch manchmal näher dran an dem, was die Menschen umtreibt! Und theologisch denken, das sollten wir doch nicht mit unserer Studienzeit beenden, sondern unser Leben lang fortsetzen – so mahnen uns unsere Bischöfe.

Nun ja, mit solchen Überlegungen hat schon so manches Abenteuer begonnen …

Bedenkenträger und Mutmacher

Zuweilen soll es sehr nützlich sein, auf Bedenkenträger zu hören. Deine Gedanken über Kirche und Priestertum willst du niederschreiben? Willst du Erlebnisse schildern? Lange Überlegtes weitergeben? Fromme Betrachtungen vorlegen? Oder eher Aufmüpfiges? Gar ein theologisches Buch schreiben? Da begibst du dich auf vermintes Gelände! Bedenke mal folgendes:

Glaubst du wirklich, zu diesem Thema könntest du noch etwas beitragen, was nicht längst lang und breit erörtert worden ist? Und wenn du wirklich einen neuen Gedanken vortragen willst: Läufst du nicht Gefahr, damit falsch zu liegen oder dir die Frage einzuhandeln, ob denn die zweitausendjährige Kirche ausgerechnet auf deine Ideen warte? Und wie soll das ohne Rückendeckung einer theologischen Schule, eines Gremiums, eines Doktorvaters oder einer kirchlichen Gruppierung funktionieren?

Vorsicht vor der Idee, Neues vortragen zu können! Die einen werden dir schnell nachweisen, dass das alles doch längst gesagt sei. Die anderen werden deine Zuständigkeit bezweifeln und den Vorrang der Universitätstheologie anmahnen. Sie werden dir nachweisen, dass du vielleicht eine Einzelheit richtig getroffen, das große Thema jedoch nur ansatzweise erfasst und die einschlägige Literatur nur ganz unzureichend herangezogen hast. Lass die Finger davon!

Also lieber nichts Neues? Aber dann droht ja noch viel Schlimmeres: die Langeweile. Was für ein Dilemma bereiten uns da die Bedenkenträger!

Aber es gibt auch Mutmacher.

Die sagen zum Beispiel: Fang doch an! Bedenke mal, wie viel Mut ein Professor haben muss, der ein Buch schreibt! Der riskiert seinen akademischen Ruf! Der muss doch in der nächsten wissenschaftlichen Zeitschrift lesen, was er da alles übersehen hat, wie viel exakter alles schon von französischen Theologen dargestellt worden sei und dass man das meiste schon bei Tertullian um das Jahr 400 finden könne, sogar viel präziser, von Augustinus gar nicht zu reden! Und er wagt es trotzdem. Nimm dir ein Beispiel daran!

Schön, ein solcher Schlag auf die Schulter! Mehr jedoch bedeutet, was das kirchliche Lehramt Ermutigendes über die Wege der Glaubenserkenntnis gesagt hat.

Zunächst einmal braucht niemand, der sich zu einem religiösen Thema äußert, den Vorwurf der Unzulänglichkeit zu fürchten. Es gehört nämlich zum Wesen der Glaubenserkenntnis, dass unsere Begriffe irdisch begrenzt sind und von der unendlichen Wirklichkeit Gottes immer nur einen Zipfel fassen können. Genau dies lehrte schon im hohen Mittelalter das Vierte Laterankonzil (1215): Zwischen Schöpfer und Geschöpf gibt es keine Ähnlichkeit, bei der nicht eine viel größere Unähnlichkeit festzustellen wäre[1]. Mit diesem Satz hat das Konzil damals den Abt Joachim von Fiore ausgebremst. Er hatte das Bibelwort „Seid vollkommen, wie euer Vater im Himmel vollkommen ist" übertrieben ausgelegt, als gäbe es kaum noch einen Unterschied zwischen unserer und Gottes Heiligkeit. Über den Anlass hinaus ist daraus eine Richtlinie für alle geworden, die sich mit Theologie befassen: Wenn du von Gott sprichst, beachte die Unterschiede, die Grenzen! Du magst manches treffen, das allermeiste aber erreichst du mit deinen Begriffen nicht.

Der Kirchenvater Ephräm der Syrer hat genau dasselbe gesagt, schon im 4. Jahrhundert: „Das, was wir nicht erfassen, bleibt größer als das, was wir verstehen – wie Dürstende, die aus einer Quelle trinken Das Wort Gottes hat ja viele Seiten, die es den Lernenden je nach ihrer Auffassungsgabe darbietet. Gott hat seinem Wort viele Farben gegeben ... Was du in Folge deiner Unzulänglichkeit in dieser Stunde nicht erlangen kannst bekommst du in einer anderen. Du musst nur durchhalten ..."[2]

Nun gut, Laterankonzil, nun gut, Ephräm: Ihr mahnt Grenzen an, aber ihr macht auch Mut: Nicht bange zu werden vor der Uferlosigkeit des Gegenstandes, sich vielmehr zu freuen über die Bruchstücke, die man gefunden hat. Und weiter zu suchen...

Solchermaßen gestärkt, ganz vom Grundsätzlichen her, kann man noch weitere Bedenken niederkämpfen: die Vorstellung etwa, über Religiöses dürfe man sich nur auf Grund präziser wissenschaftlicher Studien äußern, und nicht, weil einen ein eindrucksvolles Bild auf allerlei Gedanken gebracht hat, oder weil einen eine Glaubenswahrheit besonders anspricht, im Herzen vielleicht sogar mehr als im abstrakten Denken ...

Nichts da, sagt der große Theologe Papst Pius XII.. In seiner Enzyklika „Mystici corporis" (1943) führt er gute theologische Gedanken auf wachsende Frömmigkeit zurück, spricht von Einsichten durch ehrfurchtsvolle Betrachtung – also nicht nur durch Wissenschaft![3] Überdies gibt er den Ring frei für den Widerstreit verschiedener Meinungen und Ansichten, sofern sie sich „leiten lassen vom Gehorsam gegenüber der Kirche". Ja, er erwartet von solchen Disputen sogar kostbare Erkenntnisse und wirklichen Fortschritt und lobt diejenigen, die „verschiedene Wege und Weisen aufsuchen, um dem erhabenen Geheimnis unserer wundervollen Verbindung mit Christus näher zu kommen und es nach Kräften aufzuhellen".

Also: Das Herz darf sprechen, verschiedene Wege der Erkenntnis sind erlaubt! Hinzu kommt ein ganz aktueller Mutmacher: Erzbischof Gerhard Ludwig Müller, seit Juli 2012 Präfekt der Glaubenskongregation in Rom. Der gibt tatsächlich denen Recht, die das Zweite Vatikanische Konzil nicht als Abschluss, sondern als Ausgangspunkt neuer Gedanken betrachten. Wörtlich sagt er: „In den vergangenen Jahren ist gelegentlich die Befürchtung geäußert worden, dass die Entwicklung wieder hinter das Zweite Vaticanum zurückführen könnte. Meine Sorge geht in die andere Richtung: Die Sicht des Zweiten Vatikanischen Konzils von der Kirche sei in ihrer Weite und Tiefe noch gar nicht eingeholt und ausgeschöpft worden."[4]

Man darf sicher sein, dass der oberste Glaubenshüter der Kirche nicht jene Zeitgenossen fördern möchte, die sich auf den „Geist des Zweiten Vatikanischen Konzils" berufen, um unter dieser Marke vor allem ihre eigenen, zuweilen recht abseitigen Ansichten anzubieten. Aber ganz offensichtlich gefällt es ihm, wenn man sich Gedanken macht, vielleicht auch ungewohnte, oder wenn man neue Akzente setzt – sofern man auf der Linie des Konzils und eindeutig bei der Lehre der Kirche bleibt.

Und wie gewinnt man Neues aus dem Wort Gottes? Auch Erzbischof Müller, immerhin ein Professor und Verfasser einer großen Dogmatik, fordert für solche Versuche keineswegs ein Monopol der Schultheologie. Gewiss, er lobt den wissenschaftlichen Umgang mit der Offenbarung, er hält nichts von „irrationaler Erfahrung", von Esoterik und New Age. Aber er macht die Theologie auch nicht zur Mathematik-Aufgabe.[5] Vielmehr spricht er davon, dass der Glaube sich als „persönliche Zustimmung" zum Wort Christi vollzieht, dass er mit dem „affectus amoris", also mit liebendem Herzen aufgenommen wird.

Das aber gibt doch den Weg frei, sich wie einst die Kirchenväter, die Theologen der ersten christlichen Jahrhunderte, in der Welt des Glaubens zu tummeln, sich von Bildern und Gleichnissen ansprechen zu lassen, eigene Lebenserfahrungen in die Theologie aufzunehmen, Verstehen vom Herzen her zu suchen, Schauen, Beten und Sich-Vertiefen als Erkenntnisquellen gelten zu lassen – alles natürlich innerhalb der Leitplanken des kirchlichen Lehramtes.

Was will man eigentlich mehr, wenn man sich mit dem Gedanken trägt, einiges aufzuschreiben, was einem zum Thema Kirche und Priestertum so durch den Kopf gegangen ist? Ja, es kann einem passieren, dass kritische Freunde einem sogar ins Gewissen reden: Kirche und Priestertum – das ist doch wohl dein Lebens-Thema! Da kann man doch wohl erwarten, dass du dir dazu einige Gedanken gemacht hast – vielleicht sogar solche, die andere interessieren könnten! Also, nun setz dich hin und schreibe!

Nun ja, da mögen sie ja recht haben. Also sei's drum!

Die Kirche – ein Auslaufmodell?

Lohnt unser Thema? Die Kirche, so hört man heutzutage oft, ist doch ein Auslaufmodell. Der Mensch von heute sucht doch längst seine innere Orientierung selber. Ja, viele möchten durchaus Christen sein, aber braucht man dazu die Kirche? Wir stehen unmittelbar zu Gott, sagen sie, ohne Vermittler, ohne eine zwischengeschaltete Institution. Längst gibt es für diese Tendenz die Kurzformel: „Christus ja, Kirche nein".

Die Parole ist weit verbreitet. Leitartikel, Akademietagungen, Bischofskonferenzen setzen sich mit ihr auseinander, manche sehen in ihr die gefährlichste Irrlehre der Gegenwart. Sollte sie sich durchsetzen, so ist zu hören, dann hätte das Zweite Vatikanische Konzil umsonst getagt. Die Kirche sei schließlich sein großes Thema gewesen …

Nun kommt es bei solchen Formeln wohl immer darauf an, wie sie genau gemeint sind. Unterlässt man solche Interpretation, dann kann es überraschende Effekte geben. Zum Beispiel diesen: In einem bestimmten Verständnis hat niemand diese Parole so konsequent vertreten wie Papst Benedikt XVI.. „Christus ja, Kirche nein" – genau nach diesem Prinzip ist der Papst nämlich bei seinem Deutschlandbesuch 2011 mit den Themen umgegangen, die ihm – mit einigem Mediengetöse – abverlangt worden waren, lauter „kirchlichen" Themen: Frauenpriestertum, Zölibat, Volkswahl der Bischöfe, Umgang mit Geschiedenen, Stillstand der Ökumene, Mitbestimmung der Laiengremien und so weiter. Stattdessen wählte Benedikt XVI. ganz eindeutig das Schwerpunktthema Jesus Christus …

Nein, sagen die erwähnten kirchlichen Leute, so haben wir unsere Beobachtung nicht gemeint. Uns geht es darum, dass vielen die Kirche fremd geworden ist, auch solchen, die durchaus Christen sein wollen. Ein Christusbekenntnis unter Ablehnung der Kirche ist aber ein gefährlicher Irrweg. Er führt unweigerlich dazu, dass das Christentum in lauter unbestimmten Privatmeinungen versickert, dass der Glaube seine Konturen verliert. Nein, dieses Massenphänomen muss unsere ganze kritische Aufmerksamkeit herausfordern. Es ist die gefährlichste Irrlehre des Jahrhunderts.

Hier sei Widerspruch erlaubt. Nicht gegen die zweifellos richtige Einsicht, dass man Christus und die Kirche nicht auseinander dividieren darf. Das eine Bekenntnis geht nicht ohne das andere. Trotzdem ein doppelter Widerspruch. Die Parole „Christus ja, Kirche nein“ ist falsch, aber sie ist in unserem Fragenbereich weder die häufigste noch die gefährlichste. Viel häufiger und gefährlicher ist ihre Umkehrung: Kirche ja, Christus nein!

Machen wir einmal die Probe aufs Exempel und fangen wir in einem Kreis ernst zu nehmender Leute, etwa in einem Rotary-Club oder einem Kreis seriöser Politiker, Banker, Pädagogen oder Handwerksmeister ein Gespräch über Glaube und Kirche an. Da wird man viel Kritisches über die Kirche zu hören bekommen, was sie alles falsch macht, wo sie sich endlich ändern müsste. Doch wird man, oft gerade hinter solcher Kritik, die grundsätzliche Mehrheits-Meinung entdecken: Die Kirche, speziell die katholische Kirche, ist in der Gesellschaft unentbehrlich. Was sie leistet für den sozialen Zusammenhalt, für eine staatstragende Grundeinstellung der Menschen, ist von enormer Bedeutung, und zwar weltweit. Was sie an kulturellen Leistungen, an Förderung der Künste in all den Jahrhunderten aufzuweisen hat, ist ein absolut unentbehrlicher Faktor unserer Menschheitskultur, nicht minder sind dies ihre caritativen und pädagogischen Dienste, ohne die zum Beispiel in Deutschland die soziale Ordnung zusammenbrechen würde. Die Kirchensteuer ist nicht unbedingt beliebt, dennoch wird sie von unseren Gesprächspartnern als eine vorzügliche, den Staat enorm entlastende Sondereinrichtung Deutschlands in Europa eingestuft. Nein, ohne die Kirche geht es in keiner Weise. Sie muss deshalb gestützt und gefördert werden.

Fragt man dann einmal nach den Glaubensüberzeugungen derer, die solches vertreten, so muss man mit der Mehrheitsauskunft rechnen: Nun ja, ich selber bin kein Kirchgänger, ich halte auch nicht viel von religiösen Dogmen. Jesus, Gottes Sohn – so etwas muss man ja heute nicht mehr vertreten, Jungfrauengeburt, Auferstehung, überhaupt all dies fundamental Religiöse, das ist doch überholt. Schließlich hat ja auch der Buddhismus, der dies alles nicht glaubt, seine hohen Werte.

Also, auf eine Kurzformel gebracht, heißt dies: „Kirche ja – Christus nein". Und das ist ohne jeden Zweifel hundertmal öfter zu finden als das Spiegelbild „Christus ja, Kirche nein" – wobei man freilich auch einmal genauer prüfen sollte, wie echt bei denen, die die Kirche ablehnen, denn ihr „Christus ja" eigentlich ist, etwa in dem Sinn: Erlöser, Gottes Sohn, Auferstandener, Richter der Lebenden und der Toten. Findet man nicht auch hier jene liberale, relativistische Christus-Auffassung wie bei den „Kirche ja – Christus nein"-Leuten?

Deren Schlagwort ist indessen besonders gefährlich, weil es die Kirche lobt, aber um ihr Wesen bringt. Sie wird gefördert, weil sie der Gesellschaft nützt, wird als rein diesseitige, menschliche Organisation verstanden.

Man muss auch einmal fragen, wie weit diese Einstellung schon in innerkirchliche Kreise eingedrungen ist, selbst bei solchen, die öffentlich für die Rechte der Kirche eintreten. Beim bayerischen Streit um die Kruzifixe in der Schule: Wie viele haben das Kreuz nur als Kultursymbol, als Traditionswert verteidigt, haben manchmal geradezu abgelehnt, darin ein Glaubenszeichen zu sehen, das vom Grundrecht der Religionsfreiheit geschützt ist. Oder: Wie wird in der öffentlichen Diskussion der schulische Religionsunterricht begründet? Wirklich von Christus her – oder doch eher mit seiner Bedeutung als Element allgemeiner Bildung?

Vor einigen Jahren teilten französische Bischöfe dem damaligen Präfekten der Glaubenskongregation, Kardinal Ratzinger, einen interessanten Vorgang mit: Sie waren von Regierungsvertretern auf das Phänomen angesprochen worden, dass die heranwachsende französische Akademiker-Generation die Kultur ihres eigenen Landes nicht mehr verstehe, weil es ihr an religiös-biblischen und kirchengeschichtlichen Kenntnissen fehle. Man wird davon ausgehen können, dass den Vertretern einer laizistischen Kulturpolitik bei diesem Hilferuf der Glaube an Christus, den Herrn, einigermaßen gleichgültig war, dass sie dennoch bei den Bischöfen Bereitschaft zur Zusammenarbeit suchten – und fanden, weil auch den Hirten die Kulturbedeutung unserer Kirche bewusst ist. Nur: Der eigentliche Sinn des Religionsunterrichts, wie der Sinn jeglichen kirchlichen Tuns, liegt anderswo, und die Kirche wird immer aufpassen müssen: Ihr Dienst an der Gesellschaft darf nicht derart dominieren, dass sie in die Nähe der Parole „Kirche ja – Christus nein" gerät.

Ein alarmierendes Beispiel hat zu diesem Thema der brasilianische Befreiungstheologe Leonardo Boff schon Mitte der achtziger Jahre beigesteuert. Er schildert, wie die Kirche unter kritischen Studenten an Glaubwürdigkeit gewonnen habe, weil die Bischöfe Lateinamerikas sich in ihren Konferenzen von Medellin und Puebla entschieden mit den Armen und Randexistenzen solidarisiert hätten. Das zeige eine Umfrage in Rio: 10 bis 15% der befragten Studenten erklärten ausdrücklich: Ich glaube an die Kirche, aber nicht an die Religion. Dazu Boff: „So gewann die Kirche durch ihren uneigennützigen Einsatz für die Ärmsten des Volkes neu an Glaubwürdigkeit."[6] Glaubwürdigkeit? Der Dienst an den Armen ist immer Aufgabe der Kirche, so wird man mit Boff die angedeutete Entwicklung in Lateinamerika nur begrüßen können, und doch wird man zurückfragen: Was ist eine neue Glaubwürdigkeit der Kirche wert, wenn sie mit der Ablehnung des Glaubens an Christus einhergeht? Noch eine Variante zur Parole „Kirche ja – Christus nein"?

Fassen wir zusammen: Christus ohne die Kirche – das ist sinnlos, weil sie sein Werk, sein Vermächtnis, seine bleibende Gegenwart bedeutet, ja, weil sie sein Leib ist. Und Kirche ohne Christus: das ist genau so sinnlos, weil sie dann ihre eigentliche Sendung, ihre Seele verliert.

Deshalb: Wem es um die Erneuerung der Kirche und den Sinn des priesterlichen Dienstes in ihr geht, der darf nicht der Versuchung erliegen, menschliche Erwartungen zum Maßstab zu machen, ob sie von konservativer oder progressiver Seite oder woher auch immer kommen. Er muss vielmehr neu und intensiver fragen: Was ist die Kirche ihrem Wesen nach, von Christus, dem Sohn Gottes, her?

Dies ist ein Hauptthema des Zweiten Vatikanischen Konzils gewesen, und vielleicht sollten wir gerade hier überlegen, ob es da nicht noch manches zu entdecken gibt, was in der gegenwärtigen Diskussion weiterhelfen könnte.

Dabei aber schleicht sich eine bange Frage ein: Setzen wir mit dieser Fragestellung nicht schon zu viel voraus? Christus – Sohn Gottes: Ist dieser Glaube wirklich die unangefochtene Grundlage bei allen, die hier mitreden? Kann man, um gleich ganz konsequent zu sein, überhaupt von einer klaren Gottesgläubigkeit ausgehen? Es könnte uns allen nicht schaden, auf diese allererste Voraussetzung jeglichen Glaubensgespräches zunächst noch einmal ein wenig Mühe zu verwenden. Freunde, glaubt ihr eigentlich an Gott – so könnten wir fragen, ehe es weiter geht.

Fragen wir das nur die anderen – oder vielleicht auch uns selber?

Atheist in Nöten

Atheist zu sein, ist ein zweifelhaftes Vergnügen, auch heute noch. Gewiss, man kann hohe Buch-Auflagen erzielen und mit Einladungen zu Fernseh-Talkshows rechnen, wenn man Schockierendes zum Thema vorträgt, den Glauben als Wahnvorstellung bezeichnet und so weiter. Aber allzu viele Freunde und bekennende Anhänger findet man damit in der Normalgesellschaft nicht unbedingt. Wer möchte schon „gottlos" sein? Manchmal muss der Verkünder der Gottlosigkeit sogar fürchten, dass man ihm süffisante Fragen stellt: Warum er denn so heftig gegen ein Wesen streite, das es nach seiner Überzeugung gar nicht gibt? Warum er denn die Axt gegen den „Gotteswahn" schwinge wie einst der heilige Bonifatius gegen die Donareiche, wenn er doch davon überzeugt sei, dass die Menschheit, je aufgeklärter sie werde, ohnehin jegliche Religion abstreifen werde? Und schließlich: Was er denn den Menschen Positives anzubieten habe, wenn er ihnen den noch immer so beliebten Glauben weg genommen habe? Nur wegnehmen, nichts geben? Schließlich erschöpften sich auch radikale Vegetarier nicht darin, gegen Bratwürste und Nackensteaks zu Felde zu ziehen, vielmehr hätten sie in aller Regel Vorzügliches an Pflanzenkost und Bionahrung zu empfehlen. Nur *gegen* etwas zu sein – und sei es der Gottesglaube – das sei doch wohl allzu dürftig.

Ja, unser Atheist muss mit noch Härterem rechnen. Man wird ihn an Voltaire erinnern, der immerhin noch irgendwie an ein höheres Wesen glaubte, aber seinen Schlachtruf gegen die katholische Kirche richtete: „Zermalmt die Niederträchtige!" Und man wird ihn fragen, wie weit der geistige Weg von diesem „Écrasez l'infâme!" bis zur Guillotine eigentlich gewesen sei. Und wenn er sich mit dem Argument wehrt, es ginge ihm nicht um den Kampf gegen Gott, sondern um die Befreiung des Menschen, er rede deshalb auch nicht von Atheismus, sondern von Humanismus – nun ja; dann wird man ihm vorhalten, dass dergleichen auch schon Lenin im Programm gehabt habe – mit bekanntem Ergebnis.

Schließlich: Dem Menschen dienen mit dem Atheismus? Wie viel ehrlicher sei da vor hundert Jahren der Atheist Friedrich Nietzsche gewesen, der den Menschen ungeschminkt ihre innere Heimatlosigkeit prophezeit habe, wenn sie den Glauben an Gott verlieren:

Die Krähen schrein
Und ziehen schwirren Flugs zur Stadt.
Bald wird es schnein –
Wohl dem, der jetzt noch Heimat hat!

Nun stehst du starr,
Schaust rückwärts, ach, wie lange schon!
Was bis du, Narr,
Vor Winters in die Welt entflohn?

Die Welt – ein Tor
Zu tausend Wüsten stumm und kalt!
Wer das verlor,
Was du verlorst, macht nirgends halt.

Nun stehst du bleich
Zur Winter-Wanderschaft verflucht,
Dem Rauche gleich,
Der stets nach kältern Himmeln sucht.

Flieg, Vogel, schnarr
Dein Lied im Wüstenvogelton! –
Versteck, du Narr,
Dein blutend Herz in Eis und Hohn!

Die Krähen schrein
Und ziehen schwirren Flugs zur Stadt:
Bald wird es schnein,
Weh dem, der keine Heimat hat!

In der Tat: Wenn offen um die nackte Gottlosigkeit und ihre Folgen gestritten wird, steht unser Atheist derzeit noch großen Mehrheiten gegenüber. Da hat er schlechte Karten – bis er entdeckt, dass es längst Einbruchstellen für seine Theorie gibt, gerade dort nämlich, wo man sich überhaupt nicht gottlos fühlt. Wo man vielmehr gern erklärt, es müsse doch hinter allem irgendwie einen tieferen Zusammenhang geben, ein höheres Wesen, einen Sinngrund. Irgendwie religiös, so sagt man da, solle der Mensch schon sein. Freilich: Was die Bibel von Gott erzählt, damit sei ja heutzutage nicht mehr viel anzufangen. Da müsse auch die Kirche auf Distanz gehen.

Kirchlich eingestellte Leute spüren: Hier wird's verführerisch. Hier wird der Glaube nämlich nicht offen angegriffen, es wird nur seine Modernisierung gefordert. Und dass Menschen mit der Bibel wenig anfangen können, das erlebt die Kirche zur Genüge auch in ihren eigenen Reihen. Sollte man ihnen nicht entgegen kommen? Irgendwie haben sie ja wohl auch Recht mit ihrem grundsätzlichen Nachdenken über die Welt. Öffnen sie womöglich gar neue Wege zur Gotteserkenntnis, wenn sie den biblischen „Ballast" abwerfen?

Immerhin: Das alte Problem, Glaube und Naturwissenschaft ließen sich nicht miteinander vereinbaren, gehört bei derart modern denkenden Christen längst der Vergangenheit an. Sie können sich auf Albert Einstein berufen. Der große Begründer der Relativitätstheorie, gewiss kein Mann der Kirche, sagt hierzu: „Jedem tiefen Naturforscher muss ein Akt religiösen Gefühls nahe liegen, weil er sich nicht vorzustellen vermag, dass die ungemein feinen Zusammenhänge, die er erschaut, von ihm zum ersten Mal gedacht werden. Im unbegreiflichen Weltall offenbart sich eine grenzenlos überlegene Vernunft."

Von hier bis zu Gott als dem „ersten, nicht bewegten Beweger" des heiligen Thomas von Aquin und seines Philosophen Aristoteles scheint es gar nicht so weit zu sein. Konsequentes Nachdenken könnte den Menschen tatsächlich zu Gott führen, zum Schöpfer. Brauchen wir da wirklich noch die Bibel mit ihren vielen, zum Teil schwer verdaulichen Geschichten?

Doch da erheben die Historiker Einspruch: Vergesst nicht die Geschichte! Tatsächlich ist es nämlich anders verlaufen. Gott ist nicht durch das Denken der Philosophen entdeckt worden, sondern im abenteuerlichen Schicksalsweg des Volkes Israel, von dem die Bibel erzählt. Eine Entdeckungsgeschichte voller Spannung, voller Rück- und Querschläge, voller persönlicher Nöte und Jubelausbrüche. Es lohnt sich, sie wenigstens in groben Zügen nachzuvollziehen. Da entfaltet sich vor uns nämlich Gott nicht als ein abstrakter, wenn auch eindrucksvoller Begriff oder als eine Art Weltformel. Er begegnet uns vielmehr persönlich, geheimnisvoll gewiss, aber auch klärend, belebend, herausfordernd, dramatisch

Vielleicht kommt es darauf an, *wie* man die Bibel liest…

Bibel und Google

Probe aufs Exempel: Wir stoßen auf ein Glaubensproblem und fragen: Was sagt dazu die Bibel? Sie ist das große Glaubensbuch und müsste für uns eine Antwort parat haben. Also schlagen wir nach. Wir nutzen die Heilige Schrift wie ein Lexikon, wie die famose Einrichtung des Herrn Google. Und geraten alsbald in undurchdringliches Gestrüpp, entdecken Widersprüche und Ungereimtheiten, geben es schließlich auf.

Gewiss, manche Torheiten früherer Generationen werden wir vermeiden. Wir werden nicht fragen, ob Gott die Welt wirklich in sieben Tagen erschaffen hat, ob die Mauern von Jericho wirklich durch Israels Trompeten zum Einsturz gebracht worden sind und wie das mit der feurigen Himmelskutsche des Propheten Elia genau gewesen sei. Wir haben gelernt, biblische Texte nach ihrer literarischen Gattung zu lesen, also ein Gedicht nicht wie eine naturwissenschaftliche Erörterung, ein Heldenepos nicht wie eine Bundestagsdrucksache. Aber oft fahren wir uns auch bei eigentlich theologischen Fragen fest, weil wir aus einem uralten Text eine bündige Antwort auf eine heutige Fragestellung erwarten. Die gibt es womöglich, aber nur verborgen in völlig anderen Zusammenhängen, die erst aufgedeckt werden müssen. Vor allem aber müssen wir beachten, dass die Bücher der Bibel über viele Jahrhunderte hinweg entstanden sind und einen Lern- und Entdeckungsprozess gewaltigen Ausmaßes darstellen.

Es fällt uns nicht schwer zuzugeben, dass man den Menschen vor Jahrtausenden die Erschaffung der Welt nach ihrem damaligen Begriffsvermögen darstellen musste und wir erkennen leicht, dass dies im biblischen Lied von der Schöpfung in großartiger Weise geschehen ist. Sind wir ebenso bereit zu akzeptieren, dass man sogar in ganz zentralen Glaubensfragen beim Vorstellungsvermögen der damaligen Menschen anknüpfen musste, um überhaupt verstanden zu werden, ja, dass die biblischen Textverfasser doch selber in den Vorstellungen ihrer Zeit gelebt haben?

So sollte es uns nicht verwundern, wenn in vielen frühen Texten des Alten Testamentes Gott wie eine Stammesgottheit des Volkes Israel gesehen wird, unter der selbstverständlichen Annahme, dass andere Volksstämme ebenso ihren Gott haben. Interessant ist aber, wie auch auf dieser Basis bereits Wichtiges über Gott ausgesagt wird, wobei die Göttervorstellungen aller Nachbarvölker, auch der großen Kulturnationen der Ägypter, Babylonier oder Griechen weit übertroffen werden. Während die Götter des Olymp sich mit ihren Intrigen, Gelüsten, Lügereien, ihrem Neid und Machtpoker kaum von den Menschen unterscheiden, tritt uns der Gott der Bibel von Anfang an in Hoheit und als Verkörperung des Guten gegenüber. Und dann ist zu beobachten, wie sein Bild sich weiter klärt. Da wird bei der Eroberung Jerichos noch angenommen, dass Gott das Niedermetzeln der Besiegten anordnet; in den Psalmen, diesen wunderbaren Texten der Gottesbegegnung, gibt es Stellen voll von wütendem Hass auf Israels Feinde. Man muss danach suchen, was auch in solchen Stellen an Wegweisendem, Bleibendem, ausgesagt wird, und wird dann mit umso größerer Spannung mit erleben, wie die archaischen Vorstellungen von Hass und Rache überwunden werden, wie sich Gottes Universalität, seine Liebe zu allen Völkern, sein Heilswille immer stärker herausschält, bei den Propheten zum Beispiel – bis hin zum Gebot der Feindesliebe, das Jesus verkündet.

Ähnlich ist es mit dem Bild vom Menschen, das die Bibel vermittelt. Da gibt es noch in den Psalmen Stellen, die ein Weiterleben nach dem Tod ausschließen. In einem Lied des Propheten Jesaja heißt es:

Ja, in der Unterwelt dankt man dir nicht,
die Toten loben dich nicht;
wer ins Grab gesunken ist,
kann nichts mehr von deiner Güte erhoffen.
Nur die Lebenden danken dir … (Jes 38,17)

Natürlich geht es dem Propheten an dieser Stelle um etwas Richtiges, nämlich, dass hier und heute gebetet, dass keine Chance der Gottesbegegnung verpasst wird. Aber der Hintergrund ist doch die Aussicht, dass mit dem Tod alles aus ist. Von da bis zur Ankündigung des ewigen himmlischen Hochzeitsmahles in der Geheimen Offenbarung des Evangelisten Johannes wird ein weiter Weg zurückgelegt.

Während in frühen Phasen des Alten Testamentes ganz selbstverständlich davon ausgegangen wird, dass ein Mann mehrere Frauen „besitzt“, führt eine Entwicklung hin bis zur Forderung Christi nach der unauflöslichen Ehe eines Mannes mit einer Frau und zur Hochschätzung der gegenseitigen Hingabe in den Apostelbriefen.

Wenn man richtig mit der Heiligen Schrift umgehen will, muss man sie also als einen Entwicklungsprozess verstehen, bei dem gewiss auch in frühen Stufen schon überaus Wertvolles und Richtiges mitgeteilt wird, aber manches erst in der Weiterführung überwunden und in helleres Licht gebracht wird. Da ist es die Aufgabe der Bibelwissenschaft und erst recht der kirchlichen Lehrverkündigung, für uns das Bleibende und das Zeitbedingte zu unterscheiden.

Geht man so vor, so enthüllt sich der faszinierende Vorgang, wie die Menschen Gott entdeckt haben – nein: sagen wir es besser umgekehrt: wie er selbst sich im Umgang mit seinem Volk offenbart hat.

Da wird nicht so sehr „Lehre“ über Gott verbreitet, hier handelt er selber. Er beruft Menschen: Abraham zum Beispiel in eine bedingungslose Nachfolge, oder Mose aus dem brennenden Dornbusch heraus zum Befreier seines Volkes. Er leitet sein Volk auf der Wüstenwanderung, er gibt die Gebote, er beruft die Propheten. Er spricht, er handelt, er greift ein, er lobt, er tadelt, er liebt, er bestraft, er vergibt. Und dabei schält sich immer mehr heraus, wer er selber ist: der ewige Vater, König und Hirte seines Volkes Israel. Das ganze kommt erst in Jesus Christus, dem verheißenen Erlöser, zur Vollendung, in seiner Hingabe an das Gottesvolk des neuen Bundes, die Kirche.

Rein menschlich wäre es wohl kaum erklärbar, wieso ausgerechnet das kleine Volk Israel, machtpolitisch und kulturell den mächtigen Nachbarvölkern durchaus unterlegen, diese in der alles entscheidenden Frage nach dem Wesen Gottes und des Menschen so hoch überflügelt hat, dass wir gerade ihm einen Prozess von weltgeschichtlicher Bedeutung verdanken.

So aber wird verständlich, dass die Kirche diese zentrale Botschaft der Bibel höher schätzt als so mancherlei tiefgründige menschliche Überlegungen oder intellektuelle Gedankenspiele. Der Vorschlag „Mal ein bisschen weniger Bibel, mal ein bisschen mehr modernes Denken“ findet bei ihr keinen Widerhall. Gewiss sucht die Kirche, gerade seit dem Zweiten Vatikanischen Konzil, das Gespräch mit der modernen Welt und ist offen für Erkenntnisse, die von Denkern unseres Jahrhunderts angeboten werden. Aber sie gibt nicht ihre beste Erkenntnisquelle aus der Hand. Sie weiß eben auch, wie viel Verqueres und Unscharfes das Denken unserer Zeit schon produziert hat! Und gibt es überhaupt *das* moderne Denken? Was aus diesem Gemischtwarenladen der Ideen soll da einen Maßstab, einen Kompass abgeben, der die Bibel übertrifft?

Vor Jahren, so wird erzählt, hat ein deutscher Bischof seine Gesprächspartner schockiert. „An ein höheres Wesen glauben? Das lohnt doch nicht!“ soll er gerufen haben.

„Wie das?“ fragten die Partner: „Ein Bischof, der nicht an Gott glaubt?“

Natürlich war das so nicht gemeint. Ihm ging es um jenes namenlose „Wesen“, den Gottesersatz mancher Zeitgenossen. Es mag ihn nicht einmal jene geschmacklose Szene beschäftigt haben, die seinerzeit von den Akteuren der Französischen Revolution in der Kathedrale Notre Dame in Paris aufgeführt worden ist, bei ihrem Fest zu Ehren des „höchsten Wesens“, jener dümmliche Ersatzritus, mit dem die Herren ihre deistische Gottesvorstellung propagieren wollten. Nein, der Bischof hatte offenbar die Menschen im Blick, für die er Dienst tut. Ihm ging es nur um die Frage, ob es sich „lohnt“, ob es irgendwie einen Sinn hat, an ein solches Wesen zu glauben.

Nein, es hat keinen Sinn, jedenfalls keinen praktischen. Mag sein, dass ohne ein höheres Wesen die Welt nicht zu erklären ist. Ein Diskussionsthema für Philosophen und Theoretiker, das mag ja hier vorliegen. Aber der Grundgedanke dieses deistischen Gottesbildes ist doch, dass dieses höchste Wesen keinerlei Beziehung zu den Menschen hat. Es interessiert sich nicht für uns. Man kann nicht zu ihm beten. Es greift niemals ins Leben der Welt und der Menschen ein. Es „thront“ vielleicht irgendwo, aber es bleibt seltsam blass, farblos, ein Phantom, nicht viel mehr als eine mathematische Formel, die man zwar nicht kennt, die aber irgendwie hinter allem da sein muss. Was soll`s!

Für den Normalverbraucher ist dieser „Gott“ nicht besser als der Onkel in Amerika, der vielleicht sehr reich ist, dessen Adresse man aber nicht besitzt, der sich niemals meldet, zu dem niemals irgendeine Beziehung zu Stande kommt. Da kann es ja wirklich egal sein, ob es ihn gibt oder nicht. So gesehen, ist zwischen dem Atheisten und dem Bekenner des höchsten Wesens eigentlich kein fassbarer Unterschied mehr. Suchende Menschen werden jedenfalls mit dergleichen völlig im Stich gelassen.

Man soll aber die Leute nicht unterschätzen. Vielleicht sind mehr Zeitgenossen auf der Suche nach Gott als wir ahnen. Einfache Menschen finden sich in den Versen des Schubertliedes wieder:

> Wohin soll ich mich wenden,
> wenn Gram und Schmerz mich drücken?
> Wem künd‘ ich mein Entzücken,
> wenn freudig pocht mein Herz?
> Zu dir, zu dir, o Vater …

Und Intellektuelle, denen dies vielleicht zu romantisch vorkommt, werden zugeben müssen, dass die Weltliteratur reich ist an Figuren, die Gott suchen, auf welche Weise auch immer. Ein spannendes, ein unerschöpfliches Thema: Menschen suchen Gott!

Und doch hatte der Bischof bei diesem Gespräch ganz sicher etwas noch viel Spannenderes im Sinn, nämlich das Umgekehrte: Gott sucht den Menschen.

Gott wendet sich uns zu, ja, er gibt sich für uns hin. Dabei wird nichts von seiner Hoheit gestrichen oder eingeschränkt. Ein unfassbarer Kontrast. Der aber ist *das* Thema der Bibel. Nicht irgendein schöner oder frommer Gedanke am Rande, sondern ihr mächtiger

Grundakkord. Auf ihn werden wir in diesem Buch immer wieder zurück kommen, wenn es jetzt um unser Titelthema geht: Hingabe, Christus, Priestertum und Kirche.

Ein Thema, das alle angeht

Kein kirchliches Thema ist in den Jahrzehnten seit dem Zweiten Vatikanischen Konzil so oft und so heftig diskutiert worden wie der Dienst und das Leben der Priester: Warum haben wir zu wenige? Warum müssen sie im Zölibat leben? Warum ist ihr Amt Frauen verschlossen? Werden sie richtig eingesetzt, als Seelsorger, als Manager, als Sakramenten-Spender? Benehmen sich etliche Priester noch immer als „Pfarrherren“ alter Schule – andere vielleicht allzu unkonventionell und kumpelhaft in ihrem Lebensstil? Sollen sie sich mehr in die Gesellschaft integrieren – oder sich von ihr abheben, etwa durch ihre Kleidung? Ist in liturgischen Dingen eher Exaktheit und Gehorsam oder eher Kreativität und Beweglichkeit gefragt? Ist es nicht an der Zeit, ihre Reihen durch bewährte verheiratete Männer (viri probati) aus der Gemeinde aufzufüllen? Müssen wir nicht mehr für priesterliche Berufungen tun – oder endlich entschiedener abrücken von der „priesterzentrierten Gemeinde“? Sollen Papst und Bischöfe mehr Freiheit lassen, wenn Priester protestieren und opponieren – oder sollen sie endlich die Zügel anziehen, damit die Leute wissen, wo es lang geht?

Ein Thema, das alle angeht in der Kirche, und bei dem mit Recht auch alle mitreden. Dabei fällt aber auf, wie oft die Diskussion an der Oberfläche bleibt. Da kommen Argumente aus der Soziologie, aus der Psychologie, aus der Geschichte oder aus dem Kirchenrecht, da sprechen Seelsorgs-Experten, Pädagogen oder Sozialkritiker – alle mit Argumenten ihres jeweiligen Bereiches, schwer wiegenden sicherlich, aber nur selten erfährt man von Darlegungen, die aus dem Glaubenszusammenhang kommen. Und zuweilen kann man hören: Daran sei das Zweite Vatikanische

Konzil mit schuld, denn es habe sich zwar ausführlich über die Pflichten der Priester, über ihre Ausbildung, ihre Frömmigkeit, ihr Verhältnis zu den Bischöfen geäußert, habe aber wenig über das innerste Wesen des Weihepriestertums gesagt oder über seine Verwurzelung in der biblischen Offenbarung. Das Konzil, so heißt es dann wohl, hat uns hinsichtlich der Priesterfrage dogmatisch im Stich gelassen …

Statt hurtig in solche Kritik einzustimmen, sollten wir uns an die Mahnung unseres obersten Glaubenshüters, des Erzbischofs Gerhard Ludwig Müller, erinnern und erst einmal genauer hinsehen, was das Konzil denn gesagt hat, wir sollten gründlicher aus seiner Botschaft schöpfen, auch weiterführen, was es angestoßen hat. Es kommt ja in der Tat nicht auf die Fülle, gar auf die Masse der Aussagen zu einem bestimmten Thema an. In der Geschichte hat es Fälle gegeben, wo ein einziger Satz eines Konzils große Wirkungen hervorgerufen hat!

Im Falle des Zweiten Vaticanums ist zunächst bemerkenswert, dass die Konzilsväter das Priesterthema nicht isoliert, sondern im Zentraldokument, in der dogmatischen Konstitution über die Kirche „Lumen gentium", behandelt haben. Dadurch ist nämlich von vorn herein klar gestellt worden, dass das Priestertum keine fromme Sache für sich selber ist, dass es vielmehr nur aus diesem Zusammenhang heraus richtig erklärt werden kann. So sei es erlaubt, jene berühmte Stelle aus Lumen gentium in den Mittelpunkt der folgenden Überlegungen zu stellen, die dieses Miteinander betont, in der vom „gemeinsamen Priestertum der Gläubigen" und vom „amtlichen, hierarchischen Priestertum" die Rede ist.[7] Hier der Text:

Das gemeinsame Priestertum der Gläubigen aber und das Priestertum des Dienstes, das heißt das hierarchische (ministeriale seu hierarchicum) **Priestertum, unterscheiden sich zwar dem Wesen und nicht bloß dem Grade nach; dennoch sind sie einander zugeordnet: das eine wie das andere nämlich nimmt je auf besondere Weise am Priestertum Christi teil. Der Amtspriester** (sacerdos ministerialis) **nämlich bildet kraft seiner heiligen Gewalt, die er innehat, das priesterliche Volk heran und leitet es; er vollzieht in der Person Christi** (in persona Christi conficit) **das eucharistische Opfer und bringt es im Namen des ganzen Volkes Gott dar; die Gläubigen aber wirken kraft ihres königlichen Priestertums an der eucharistischen Darbringung mit** (concurrunt) **und üben ihr Priestertum aus im Empfang der Sakramente, im Gebet und in der Danksagung, im Zeugnis eines heiligen Lebens, durch Selbstverleugnung und tätige Liebe.**[8]

Der geweihte Priester wird also von vorn herein in der Beziehung zur Gemeinde gesehen. Für sie ist er bestellt. Ihr soll er dienen – wie es in dem lateinischen Wort „ministeriale“ viel deutlicher zum Ausdruck kommt als in der deutschen Übersetzung „Amtspriester“. Ihr tritt er „in der Person Christi“ gegenüber. Wer nach dem theologischen Wesen des Priestertums sucht, muss also fragen: Wie tritt Christus, der Herr, seiner Gemeinde, seiner Kirche gegenüber? Welcher Art also ist die Stellung des Priesters gegenüber seiner Gemeinde?

Dabei geht das Konzil vom kirchlichen Kern-Geschehen aus: von der Feier der Eucharistie. Nachkonziliare Dokumente der Kirche folgen dieser Linie.[9] Dass der Priester nicht in eigener Person, sondern in der Person Christi der Gemeinde gegenüber steht, wird ja am deutlichsten bei der heiligen Wandlung. Da spricht nicht mehr der Priester, sondern der Herr selber mit den Worten: „Nehmet hin und esset. Das ist mein Leib, der für euch hingegeben wird.“ Und in diesem Satz fällt zugleich das Schlüsselwort, durch das wir Zugang zum Handeln des Herrn finden: Hingabe.

„Hingabe“ – das Schlüsselwort

Kardinal Walter Kasper hat die Aussagen der Schrift über das Erlöserwirken des Herrn eindrucksvoll zusammengefasst. Er stellt die Verkündung des Gottesreiches in den Mittelpunkt, sieht im Kreuzestod die Vollendung dieser Verkündigung: „So ist Jesus in seinem Leben und in seinem Sterben der Mensch für die anderen. Dieses Für-die-anderen-Sein macht sein tiefstes Wesen aus, denn darin ist er die Person-gewordene Liebe Gottes für die Menschen“.[10] Natürlich stellt Walter Kasper hier nicht die Wesensbestimmung des großen Credos in Frage (Christus ist „Gott von Gott, Licht vom Lichte, eines Wesens mit dem Vater“), er setzt sie vielmehr voraus und macht damit die Hingabe Christi erst in ihrer ganzen Größe deutlich: Sein für die anderen.

Ähnlich Gerhard Ludwig Müller: „Die gesamte öffentliche Wirksamkeit Jesu kann in der biblischen Hyper-Formel (hyper hemon, pro nobis, für uns) zusamengefasst und als Pro-Existenz (Sein für) auf den Begriff gebracht werden … Die Dahingabe Jesu zeigt sich in äußerster Dichte beim Mahl vor seinem Tod. Beim Abendmahl nimmt er seine Lebenshingabe unblutig und zeichenhaft vorweg und macht deutlich, dass er in Treue und Gehorsam sein Leben »für die vielen« hingibt zur Vergebung der Sünden und Stiftung des neuen Bundes zwischen Gott und den Menschen“.[11]

Es beeindruckt uns tief, wenn am Karfreitag die Passion Christi gelesen wird und wir wieder erleben, wie der Herr sich für uns hingibt. Man spürt: Eindrucksvoller kann uns die Liebe Gottes nicht bewusst gemacht werden. Und doch erheben sich gerade jetzt auch Fragen: Warum musste der Erlöser am Kreuz sterben? Welchen

Sinn hat das Kreuzesopfer, das durch den Priester in der Feier der Eucharistie gegenwärtig wird?

Unserer Sünden wegen ist er am Kreuz gestorben – so lehrt die Kirche. Er opfert sich für uns dem Vater. Hat der Vater dieses grausame Geschehen verlangt? Ist das ein gütiger Vater, wenn er nur *so* der Menschheit die Befreiung von ihrer Schuld gewährt?

Gewiss müssen wir Menschen eines Zeitalters, das zum „Erklären" und Weg-Psychologisieren von Schuld neigt, das ungern von tödlicher Sünde und göttlicher Strafgerechtigkeit redet – vielleicht müssen wir durch die Passionsbetrachtung erst wieder lernen, dass es Schuld, furchtbare Schuld gibt. Und doch sträubt sich in uns einiges, wenn ein Kirchenlied uns mahnt, im schrecklichen Leiden Jesu zu erkennen, „wie Gottes Zorn die Sünde schlägt"[12]. Jesu Kreuzestod als Wiedergutmachung, als Vergebungsopfer? Notwendig, weil die unendliche Beleidigung Gottes von der Menschheit gar nicht hinreichend gesühnt werden konnte, weil nur Gottes Sohn, dem Vater gleich an Würde, als Mensch-Gewordener diese Sühne leisten konnte: Kann nur so das Kreuz, die Hingabe Christi, erklärt werden?

Papst Benedikt XVI. hat sich schon als junger Theologieprofessor mit dieser Vorstellung, die vor allem durch Anselm von Canterbury (ca. 1033–1109) in die Theologie und in das Gebetsleben der Christenheit eingedrungen ist, kritisch auseinandergesetzt: Durch diese „eherne Logik" könne das Gottesbild in ein unheimliches Licht getaucht werden, fürchtet er.[13] Wir fragen: Wäre denn die Erlösung vielleicht auch anders möglich gewesen? Ist nicht schon durch die *Menschwerdung* des Gottessohnes Entscheidendes geschehen, um die Kluft zwischen Gott und den Menschen, die von der Sünde aufgerissen ist (und täglich neu aufgerissen wird), im Kern zu überwinden?

Ehe wir hier weiter überlegen, sollten wir uns jene Einsicht in Erinnerung rufen, die wir zu Beginn dieses Buches bedacht haben: Wenn wir über Gott nachdenken, stoßen wir an Grenzen unseres Verstehens. Wie sollte das bei einem Kerngeheimnis unseres Glaubens, der Erlösung in Christus, anders sein! Wir spüren beim Betrachten des Kreuzweges ganz sicher Gottes Liebe, fühlen auch irgendwie das Richtige in Anselms Kreuz-Deutung – kommen aber mit unserem Verstand nicht weiter. Dies einigermaßen demütig zu akzeptieren, hilft jedenfalls mehr als nervös zu werden oder ins Grübeln zu verfallen. Vor allem aber: Es macht uns frei, weiter nach Wegen des Verständnisses zu suchen. Vielleicht kommt man von einer anderen Seite näher an das Geheimnis heran.

Einen Weg dazu hat Joseph Ratzinger seinerzeit schon gewiesen, andere Theologen haben ihm beigepflichtet oder sind ihm sogar vorausgegangen: zunächst einmal über die *Menschwerdung* Gottes in Jesus Christus neu nachzudenken: War sie nur eine notwendige Vorbedingung für seinen Kreuzestod? Ist alles, was im Leben und Wirken des Herrn dem Kreuzweg vorangeht, nur Vorbereitung, nur Hinführung – oder trägt sein Leben im Land und Volk Israel, seine Reich-Gottes-Verkündung, tragen seine Wunder, seine Begegnungen mit den Menschen in sich schon heilbringenden Charakter? Ist die Menschwerdung (Inkarnation) selber womöglich schon der entscheidende Schritt bei seiner Hingabe an die verlorene Menschheit, bei seiner Selbst-Entäußerung (Kenosis), die im Kreuzestod ihre letzte Konsequenz findet? Wissenschaftlich ausgedrückt heißt dies, man müsse Inkarnationstheologie und Erlösungslehre enger verbinden. Vor Jahrzehnten hat Otto Semmelroth darauf hingewiesen, dass man sich darum schon in der Frühgeschichte der Kirche bemüht hat. Schon die Kirchenväter haben die Menschwerdung

Christi „nicht nur als Ermöglichung und Vorbereitung des eigentlichen Erlösungswerkes gesehen“, sondern selbst schon als Teil der Erlösung.[14]

Gott sucht den Menschen

Wir holen weiter aus. Beim Umgang mit der Heiligen Schrift hatten wir uns vorgenommen, uns nicht im Gestrüpp vieler Einzelfragen zu verfangen, sondern möglichst die großen Entwicklungslinien aufzuspüren, die Wege nachzugehen, auf denen sich Gottes Wesen und Heil erschließt. Und wir hatten bereits eine ganz entscheidende Linie entdeckt: Gott sucht den Menschen.

Schon auf den ersten Seiten der Bibel begegnet uns der „suchende“ Gott: „Adam, wo bist du?“ ruft er. Der Mensch hat sich aus eigener Schuld ins Unheil, in die Gottesferne gestürzt. Aber Gott lässt ihn nicht einfach darin stecken. Noch während er die Strafe verhängt und die Vertreibung aus dem Paradies vollzieht, wird bereits sichtbar, dass Gott den Menschen nicht aus den Augen lassen wird.

Von dieser Stelle ausgehend, lässt sich die ganze Bibel, zunächst im Alten Testament, unter diesem Gedanken lesen. Manchmal ist es der gewaltige Gott, der Gesetz-Gebende, der Strafende, dem es nicht gleichgültig ist, wenn die Menschen sich von ihm entfernen und Irrwege gehen. Dann wieder ist er der Retter, der dem verzweifelten Elia weiterhilft, damit der auf dem Berg Horeb Gott begegnen kann. Auf immer wieder neue Weise ruft und packt Gott den Menschen, mal als einzelnen, mal in der Gemeinschaft des Volkes Israel. Ihm gilt seine beständige Aufmerksamkeit und Liebe.

Er will das Heil der Menschen – dies aber nicht im Sinne eines ego-zentrischen Sich-Wohlfühlens, nicht in einem von Gott abgelösten Sinn. Immer besteht das eigentliche Heil in der Nähe Gottes. Der Herr gibt dabei gewiss vieles, was das Herz erfreut, Korn und Wein in Fülle, aber vor allem sich selber (Dtn 8). Bei ihm soll die Seele des Menschen zur Ruhe kommen, Halt und Heimat finden. Es ist geradezu das Wesen Gottes, dass er sich dem Menschen zuwendet[15] – und es ist geradezu das Wesen des Menschen, dass er das Heil in der Nähe Gottes erfährt – ein Gedanke, der zum Beispiel in den Psalmen immer wieder anklingt:

> Gott nahe zu sein ist mein Glück (Ps 73,28).

> Denn du bist nahe, Herr,
> und alle deine Gebote sind Wahrheit (Ps 85,10).

> Der Herr ist nahe allen, die ihn rufen (Ps 145,18).

Und Israels Stolz gründet auf der Erfahrung der Nähe Gottes:

> Welche Nation hätte Götter, die ihr so nahe sind
> wie Jahwe, unser Gott, uns nahe ist,
> wo immer wir ihn anrufen? (Dtn 4,7).

In der Konsequenz dieser biblischen Linie liegt die Menschwerdung Gottes in Jesus Christus. Sie ist Gottes totale Hinwendung zum Menschen. Er wird selbst einer von uns: Intensiver kann die Zuwendung nicht gedacht werden. Und wieder lässt sich die Bibel, jetzt im Neuen Testament, ganz unter diesem Gedanken lesen: Jesus sucht die Menschen auf. Er schaut sie an, er redet sie mit Namen an, er nimmt sie bei der Hand, er spricht ihnen, ganz von Person zu Person, die Vergebung ihrer Sünden zu, er heilt sie, richtet sie auf. „Heute ist diesem Haus das Heil geschenkt worden", ruft er dem Zachäus zu, das Heil, das in der Anwesenheit des Herrn besteht (Lk 19,9).

Er schenkt seine Nähe. Er selbst ist das Heil. Und er nimmt es auf sich, dafür seine göttliche Hoheit völlig abzustreifen, sich selbst zu erniedrigen (Phil 2,8). In seiner Hinwendung zu den Verlorenen macht er nirgends Halt. Und das bedeutet in letzter Konsequenz seinen Tod am Kreuz.

Die Kirche drückt dieses Hinabsteigen des Herrn in den Stationen des Kreuzweges aus. Dreimal stürzt er unter der Last, jedes Mal tiefer. Er kommt auch dem völlig Verlassenen nahe. Selbst wer total am Boden liegt, braucht nur zur Seite zu schauen und sieht den Gottessohn neben sich, der in eben diese Tiefe hinabgestiegen ist. Paulus sagt: „… der mich geliebt und sich für mich hingegeben hat“ (Gal 2,10). Ja, selbst die extremste Erniedrigung, die man denken kann, hat Jesus auf sich genommen, die absolute Verlorenheit, erkennbar in seinem Ruf: „Mein Gott, mein Gott, warum hast du mich verlassen?“ So kann der Herr auch den Allerletzten unter den Menschen noch „mitnehmen“. Am Kreuz erhöht, zieht er alle an sich (Joh 12,32) und führt sie seinem Sieg in der Auferstehung entgegen.

Menschwerdung – nur Mittel zum Zweck?

Wir haben so, angeleitet von der Bibel, Gottes Heilswirken ganz als Zuwendung zum Menschen betrachtet, Jesu Erlösungstat in einer beständig absteigenden Linie, von seiner Menschwerdung bis zum Tod am Kreuz. So wird deutlich, dass die Erlösung nicht nur im Kreuzesopfer besteht, sondern dass jeder Schritt auf diesem langen Weg der Selbsterniedrigung dazu gehört.

In alten Katechismen und Dogmatik-Lehrbüchern liegt der Akzent noch anders. Da wird festgestellt: Der Herr hat uns (allein) durch seinen Opfertod am Kreuz erlöst. Dort hat er sich dem Vater dargebracht. Seine Menschwerdung war nur die notwendige Voraussetzung dazu.[16] Auch im Katechismus der Katholischen Kirche von 1993 findet man noch den lapidaren Satz: „Seine erlösende Passion ist der Grund seiner Menschwerdung."[17]

Man hätte die Inkarnation schon immer umfassender verstehen können: nicht nur als Mittel oder Voraussetzung des Eigentlichen, sondern selbst schon als Heilswirken Gottes. Das Credo der heiligen Messe, ein uralter Text der Konzilien von Nizäa (325) und Konstantinopel (381) sagt: „Für uns Menschen und zu unserem Heil ist er vom Himmel herabgestiegen, hat Fleisch angenommen aus Maria, der Jungfrau, und ist Mensch geworden". Da wird also in einem hochoffiziellen Text festgestellt, dass die Inkarnation nicht nur zur Vorbereitung des Kreuzesopfers geschehen ist, sondern auch selber schon „zu unserem Heil". Das Credo bezieht diese Formel hier ganz eindeutig auf die Inkarnation. Von der Kreuzigung spricht es nämlich danach in einem neuen Satz, der durch das Wort „sogar" abgetrennt ist: „Gekreuzigt wurde er *sogar* für uns" (crucifixus *etiam* pro nobis).

Glücklicher Weise haben sich in unserer Zeit bedeutende Theologen darum bemüht, hinsichtlich der Erlösung in Christus die einseitige Fixierung auf das Kreuzesopfer zu überwinden. Sie konnten damit durchaus an alte Traditionen anknüpfen. Der Kirchenvater Athanasius stellte schon um 370 lapidar fest: „Der Heiland wurde wirklich und wahrhaft Mensch, und so wurde die Erlösung des ganzen Menschen bewirkt."[18]

Romano Guardini hat sogar gefragt, ob die Erlösung vielleicht auch ohne den Tod des Herrn möglich gewesen wäre, ob es denn grundsätzlich ausgeschlossen war, dass die Botschaft Jesu von seinem Volk angenommen wurde, er also nicht als Verurteilter am Kreuz hätte sterben müssen.[19]

Von einer anderen Seite herkommend, hat sich Alois Spindeler mit diesem Thema befasst. Er sieht die Sünde, aus der wir befreit werden sollen, als „seinshafte" Trennung der Schöpfung von Gott. Dieses Auseinander-Brechen gilt es zu heilen, und wenn der Sohn Gottes selber Mensch wird, ist damit das Entscheidende schon geschehen, die Trennung der Schöpfung von dem göttlichen Bereich überwunden. So kann Spindeler kurz sagen: Eigentlich sei mit der Inkarnation die Erlösung schon geschehen.[20]

Diesen – und vielen anderen – Theologen ging es nicht darum, die Bedeutung des Kreuzestodes Christi zu mindern, sondern den Blick auf das Ganze des Erlösungswerkes zu lenken. Darum geht es auch Walter Kasper, wenn er umgekehrt die Bedeutung des Kreuzesopfers betont, ohne das Jesu Erlösungswerk nicht zur Vollendung gekommen wäre: „Der gehorsame Tod Jesu ist also Zusammenfassung, Inbegriff und letzte, alles überbietende Aufgipfelung des gesamten Wirkens Jesu. Die Heilsbedeutung Jesu wird damit nicht exklusiv auf seinen Tod beschränkt. Aber sie erfährt im Tod Jesu ihre letzte Eindeutigkeit und Endgültigkeit".[21]

Das Ganze des Erlösungswerkes darf also nicht aufgeteilt werden. Es geht um die Vermeidung von Einseitigkeit. Ohne die einzigartige Bedeutung des Kreuzesopfers zu mindern, dürfen wir so im *gesamten* Erlöserleben Christi, angefangen mit seiner Menschwerdung, die Hingabe Gottes an den Menschen erkennen. Und es entspricht dieser Einsicht, wenn die Christen nicht nur Karfreitag und Ostern, sondern auch Weihnachten, den Geburtstag des Herrn, als hohes Ereignis feiern, ja, sogar den Beginn seines Hinabsteigens neun Monate zuvor am Fest der Verkündigung des Herrn (25. März).

Wem gilt das Kreuzesopfer?

Nun aber müssen wir das Kreuzesopfer selber für unseren Zusammenhang genauer bedenken. Wem, so dürfen wir fragen, gilt es? Dem Vater als Sühnopfer in unser aller Namen? Hat es also die Richtung von unten nach oben: Christus bringt sich dem Vater dar? Oder dürfen wir es auch umgekehrt sehen: als Zuwendung Gottes zu uns in Ausweglosigkeit, Verzweiflung und Schuld, also in der Richtung von oben nach unten: Christus gibt sich den Menschen hin?

Die Bibel spricht von beidem. Sie sieht einmal den Tod des Herrn am Kreuz als letzte, alles vollendende Station seiner Selbstentäußerung:

„Er war Gott gleich,
hielt aber nicht daran fest,
wie Gott zu sein,
sondern er entäußerte sich
und wurde wie ein Sklave
und den Menschen gleich.
Sein Leben war das eines Menschen;
er erniedrigte sich
und war gehorsam bis zum Tod,
bis zum Tod am Kreuz“ (Phil 2,5).

Nicht minder sieht sie den Kreuzestod als Sühnopfer, das dem Vater dargebracht wird:

„Er hat sich für uns hingegeben,
als Gabe und Opfer,
das Gott gefällt“ (Eph 5,1).

So übt Christus für uns das Mittleramt aus, und zwar in beiden Richtungen. Sein Kreuzesopfer darf verstanden werden als letzte Stufe seiner Selbsterniedrigung (Kenosis), seines Eins-Werdens mit der Menschheit, als Solidarisierung auch mit dem verlassensten, dem gänzlich in der Sünde, in der Verzweiflung der Gottverlassenheit untergegangenen Menschen: das Kreuzesopfer als Hingabe *an uns*.

Diese Sicht schließt aber nicht aus, dass am Kreuz *dem Vater* das höchste Opfer gilt. Ihm gibt sich der Sohn hin.

Beides gehört zusammen. In der restlosen Hingabe des Sohnes an die Menschheit (die letzte Stufe der Inkarnation) vollzieht sich zugleich die höchste Verherrlichung des Schöpfers. Christus, der ganz eins geworden ist mit der Menschheit, sogar für uns „zur Sünde gemacht" (2 Kor 5,21), der selbst das Haupt der Menschheit ist, bietet sich dem Vater dar – und in seiner gottmenschlichen Person uns alle. Die Erlösung, also die Wiederherstellung des ursprünglichen, allein richtigen Verhältnisses zwischen Gott und der Menschheit, gipfelt darin, dass dem ewigen Gott aus der Schöpfung die höchste Verehrung zu Teil wird.

So dürfen im Kreuzestod des Herrn beide Richtungen in eins gesehen werden. J. Ratzinger weist darauf hin, dass schon die Kirchenväter die ausgebreiteten Arme des Herrn am Kreuz in diesem doppelten Sinn gedeutet haben: als „Orantenhaltung" und als Umarmung, und er fasst zusammen: „Sie sehen in ihnen zunächst die Urgestalt der christlichen Gebetsgeste, der Orantenhaltung, wie sie uns in den Katakombenbildern so bewegend entgegentritt. Die Arme des Gekreuzigten weisen ihn so als den Anbetenden aus, aber sie geben zugleich der Anbetung eine neue Dimension, die das Spezifische christlicher Verherrlichung Gottes ausmacht. Diese geöffneten Arme sind Ausdruck von Anbetung auch und gerade dadurch, dass sie die völlige Hingabe an den Menschen ausdrücken, dass sie die Geste der Umarmung, der vollen und ungeteilten Brüderlichkeit sind".[22] Noch deutlicher wird Papst Johannes Paul II., wenn er betont, dass der „Dienst Jesu mit dem Kreuzestod, das heißt mit der totalen Selbsthingabe" seine ganze Fülle erlangt, und zwar „mit seiner totalen, demütigen und liebevollen *Hingabe gegenüber der Kirche*", also an uns.[23]

Gemeinsam ist allen diesen Überlegungen: Die Hingabe des Gottessohnes „von oben nach unten" wird theologisch aufgewertet. Unser Braunschweiger Bild ist gerechtfertigt. Das Haupt des Gekreuzigten darf nach unten geneigt bleiben, den Menschen zugewandt, für die er sich hingibt.[24]

Auch das Bild des Vaters wird reicher: Er ist nicht nur die ewige Majestät, der alle Anbetung gebührt, nicht nur der Annehmende, dem das Opfer des Sohnes dargebracht wird – er ist auch der Gebende, ohne den das heilbringende Geschehen gar nicht zu Stande kommen kann: „Er hat seinen eigenen Sohn nicht verschont, sondern ihn für uns alle hingegeben – wie sollte er uns mit ihm nicht alles schenken?" (Röm 8,32). Hier ist die Richtung eindeutig: von oben nach unten, von Gott zu den Menschen. Es kommt ein vertiefender Gedanke hinzu: Wir werden auf die Heilige Dreifaltigkeit hingewiesen: Der Sohn, „aus dem Vater geboren vor aller Zeit" (Credo), setzt sein Hervorgehen aus dem Vater „in die Welt" fort, und so kann die Fülle des Heiligen Geistes den Erlösten zu Teil werden – die stilisierte Taube, „Rahmen" unseres Braunschweiger Bildes, drückt dies aus.

Die beiden Richtungen der Erlösung fallen ineinander. Durch jeden Akt der Hinwendung Christi „nach unten", durch seine Selbsterniedrigung, wird dem Vater allerhöchste Ehre zu Teil.

Wunderbar kommt dies im weihnachtlichen Lobgesang der Engel (Lk 2,14) zum Ausdruck: Sie besingen die armselige Geburt im Stall, das „Hinabsteigen" par excellence, mit dem Ruf „Verherrlicht ist Gott in der Höhe" – dem Lobpreis „nach oben" par excellence, und sie deuten zugleich dieses dem Vater dargebrachte Lob mit einem Satz, der wiederum „nach unten" gerichtet ist: „und auf Erden ist Friede bei den Menschen seiner Gnade". So verbinden sich in der Weihnachtsnacht die beiden Richtungen der Erlösung: Die Menschwerdung des Gottessohnes, Beginn seines Weges zum Kreuz, als höchste Ehrung des Vaters – und als Rettung der Welt.

Zugleich wird zu Weihnachten ganz deutlich, dass wir die „Hingabe" Jesu schlicht auch als Gabe *an uns* verstehen dürfen, als Gabe des Vaters, der uns den Sohn schenkt – und als Hingabe des Erlösers, der sich selbst uns schenkt.

Mit dem Begriff „Hingabe" wird ja in der Bibel vieles beschrieben. Der protestantischer Theologe Wiard Popkes hat ein dickes Buch nur diesem einen biblischen Begriff gewidmet[25] und mit unzähligen Bibelstellen genau aufgelistet, wie er gebraucht wird, zum Beispiel: „hingegeben in die Hände der Sünder", „hingegeben am Kreuz". Aber bei der Fixierung auf das *Wort* „Hingabe" hat er übersehen, wie einfach dieser Vorgang im Weihnachtsevangelium mitgeteilt wird. Da heißt es nämlich nur: „*Euch* (vobis, hymin) ist der Heiland geboren" (Lk 2,11) – ein schlichter Dativ. Uns ist der Heiland geschenkt. In dem alten Sakramentshymnus „Pange lingua" wird dies ausgedrückt:

nobis datus
nobis natus
ex intacta virgine

Uns gegeben
Uns geboren
Von der Jungfrau, der unberührten.

Und so kann dieser Hymnus zugleich Jesu Hingabe in der Eucharistie als Gabe beschreiben:

cibum turbae
duodenae
se dat suis manibus
Er gibt sich der Zwölferschar
Mit seinen Händen
als Speise hin.

Da wird das Wort der Wandlung „der für euch hingegeben wird" nicht nur auf die Hingabe des Herrn *für uns* am Kreuz bezogen, sondern auch auf seine Hingabe *an uns* im Sakrament.[26]

Damit sind wir wieder am Altar angekommen, stehen unter dem Bild des Herrn, der sich hingibt: an den Vater – und an uns. Das ist der Vorgang, der wieder Gegenwart wird, wenn der Priester hier steht „in persona Christi".

Wir haben einen weiten Weg zurückgelegt. Ausgehend von dem Konzils-Satz, dass der Priester „in der Person Christi" der Gemeinde gegenüber steht, hatten wir gefragt, wie denn dieses Gegenüber von Gottessohn und Menschheit zu verstehen sei. Und über das Bild Gottes, der den Menschen „sucht", fanden wir den Erlöser, den Mittler, der sich restlos hingibt an uns – und so auch für uns an den Vater. Wenn der Priester die Eucharistie feiert, tritt er in diesen Vollzug ein. Damit haben wir eine wichtige Definition des geweihten Priesters gewonnen: Er ist einer, den Gott berufen hat, in der Person Christi die Hingabe an die Gemeinde zu vollziehen und so die Erlösung gegenwärtig werden zu lassen zur Ehre Gottes.

Der Erlöser als Bräutigam

Ein zweiter Gedankengang führt uns ebenfalls zu diesem Bild und ergänzt es wesentlich: die biblische Brautmystik. Und wieder forschen wir nicht in Randzonen der Bibel, sondern halten uns an ein Grundmotiv biblischer Aussagen, ja, an das Hauptthema des Alten Testamentes: den Bund Jahwes mit Israel.

Gottes Verlangen nach seinem Volk wird mit der Liebe des Bräutigams zur Braut verglichen, der Bund Jahwes mit Israel ist ein Ehebund. Israel ist die auserwählte Braut (Jes 62). Wenn es seinem Gott untreu wird und sich mit fremden Göttern einlässt, ist das Ehebruch (Jer 3,6). Gott wirbt geradezu eifersüchtig um die Tochter Zion: „Darum will ich selbst sie verlocken. Ich will sie in die Wüste hinausführen und sie umwerben." (Hos 2,16). „Weil du in meinen Augen teuer und wertvoll bist und ich dich liebe, gebe ich für dich ganze Länder, und für dein Leben ganze Völker" (Jes 43,4). Das untreu gewordene Volk wird von Jahwe an frühere Liebe erinnert: „Ich denke an deine Jugendtreue, an die Liebe deiner Brautzeit" (Jer 2,2). Das Hohe Lied, diese hochpoetische Liebesdichtung, wird in diesem Sinne ausgelegt: Jahwe und Israel – ein Liebespaar.

Jesus führt dieses Bild weiter:

Er selbst ist der Bräutigam (Mt 9,15), er wird von Johannes, dem Täufer, so genannt (Joh 3,29).

Paulus sieht die Gemeinde als Braut: „Ich habe euch einem einzigen Mann verlobt, um euch als reine Jungfrau zu Christus zu führen" (2 Kor 11,2).

Christus liebt die Kirche und gibt sich für sie hin, sein Tod am Kreuz wird als Vollendung der Beziehung zwischen Bräutigam und Braut gesehen, ja geradezu als Vermählung betrachtet (Eph 5,25).

In der Geheimen Offenbarung (21,2) erscheint die verklärte Kirche als „Braut des Lammes“, als das prächtig geschmückte himmlische Jerusalem.

Semmelroth formuliert: „Das Alte wie das Neue Testament ziehen … die eheliche Begegnung heran, um zu schildern, was im Heilswerk Gottes geschieht: eine Heilsbewegung zwischen Gott und den Menschen nach Art ehelicher Partnerschaft“.[27]

Christus, der Bräutigam: Sehr schnell ist diese Sicht einst von der Urkirche aufgenommen und weitergeführt worden. Sie findet sich von Anfang an im Gebetsschatz der Kirche, erfüllt theologische Darlegungen und Hymnen.

So wird die *Geburt* des Gottessohnes als Ankunft des Bräutigams gefeiert:

Tochter Zion, freue dich,
jauchze laut, Jerusalem!
Sieh: Dein König kommt zu dir!

Die *Erscheinung* des Herrn wird als Hochzeit gesehen:

Heute wurde die Kirche
dem himmlischen Bräutigam vermählt.
Im Jordan wusch Christus sie rein
von ihren Sünden.
Die Weisen eilen mit Geschenken
zur königlichen Hochzeit.
Wasser wird in Wein gewandelt
und erfreut die Gäste. Halleluja!
(Benedictus-Antiphon am Fest der Erscheinung des Herrn)

In der *Kreuzigung* sieht ein byzantinischer Karfreitags-Hymnus den Liebesbund:

Zum Spotte wird in Purpur gehüllt,
der da hüllt den Himmel in Wolken.
Mit Nägeln wird angeheftet
der *Bräutigam der Kirche.*
Mit der Lanze durchbohrt
der Sohn der Jungfrau.

Hildegard von Bingen (+ 1179) schreibt in ihrem Buch „Scivias" (Wisse die Wege):

Als Christus Jesus, der wahre Sohn Gottes,
am Leidensholz hing,
wurde ihm die Kirche
in der Verborgenheit
des himmlischen Geheimnisses vermählt,
und sie erhielt als Hochzeitsgabe
sein purpurfarbenes Blut.[28]

Das Zweite Vatikanische Konzil spricht in der Pastoralkonstitution „Gaudium et spes" vom Bund der Liebe, von Christus, dem Bräutigam der Kirche. Die Passion des Herrn wird als Hingabe des Bräutigams an die Braut verstanden.[29] In der Liturgiekonstitution heißt es, dass Christus in der Messe „die Kirche an sich zieht als seine geliebte Braut" (consociat sponsam suam dilectissimam).[30]

Papst Johannes Paul II. betont: „Das Sich-Schenken Christi an die Kirche als Frucht seiner Liebe ist gekennzeichnet von jener ursprünglichen Hingabe, die dem Bräutigam gegenüber der Braut eigen ist“, und er fährt fort: „Der Priester ist berufen, lebendiges Abbild Jesu Christi, des Bräutigams der Kirche, zu sein.[31]

In einer Ansprache an deutsche Bischöfe, die sich zum ad-limina-Besuch bei ihm versammelt hatten, sagte der Papst im November 1999: „Christus ist der Bräutigam, weil er sich verschenkt hat: Seinen Leib hat er hingegeben und sein Blut für uns vergossen ... Als Erlöser ist Christus der Bräutigam der Kirche. So dürfen wir in der Eucharistie, in der sich Christus den Leib der Kirche aufbaut, zu Recht das Sakrament des Bräutigams und der Braut sehen ... Die Kirche braucht geweihte Priester, die bei sakramentalen Vollzügen „in persona Christi“ handeln und den Bräutigam Christus gegenüber der Kirche als Braut repräsentieren.“

Damit ist eine zweite Wesensaussage über den geweihten Priester gewonnen: Er ist Bräutigam seiner Gemeinde, weil er ihr in der Person Christi, des Bräutigams, gegenübersteht.

Die Kraft der Bilder

Wir müssen nun daran gehen, die Dichte und Bedeutung dieses theologischen Bildes zu überdenken. Sind solche aus der Bibel gewonnenen Bilder bloße Metaphern, lediglich geeignet, fromme Empfindungen zu wecken oder moralische Appelle zu illustrieren – oder sagen sie mehr aus? Kann man mit solchen Bildern überhaupt theologisch handfeste Einsichten gewinnen? Man wird einwenden: Gerade in einer so praktischen und brennenden Frage wie der Zukunft des Priestertums in der Kirche ist wissenschaftlich Fundiertes gefragt. Unsere Zeit denkt überaus sachlich. Was sollen da Zeichen, Bilder und Symbole? Ist der Umgang damit nicht eher etwas für Nostalgiker, für Lyriker? Sollten wir stattdessen nicht die präzisen Denkweisen der Gegenwart aufgreifen?

Der Einwand trifft nicht zu. Die moderne Welt ist voll von Zeichen. Ein rot umrandetes, auf der Spitze stehendes Dreieck kündigt eine Vorfahrtstraße an, die beachtet werden muss. Ein gelber Blitz weist auf eine elektrische Hochspannung hin, auf eine Wirklichkeit, die keiner sehen, hören oder riechen kann. Wer den Standpunkt vertritt, solche Zeichen enthielten keine Wirklichkeit, sie seien „leer", der wird erleben, wie es kracht. Das Zeichen ist nicht selbst die Wirklichkeit, es macht sie aber deutlich. Symbole sind zur Erkenntnis der Wirklichkeit unentbehrlich. Die moderne Physik kommt nur mit Symbolen zurecht, die Mathematik ebenso. Erst recht kann die verborgene Wirklichkeit Gottes nur im „Bild" erfahrbar werden.

Christus, der menschgewordene Gottessohn, ist in seiner Person selber dieses Symbol, dieses Zeichen. Er macht den ewigen Gott sichtbar, erlebbar. Wer ihn sieht, sieht den Vater (Joh 14,9).

Er ist das Bild Gottes. In den Sakramenten geschieht dasselbe: Eine mächtige Realität, die wirksame Liebe Gottes, wird bezeichnet und mitgeteilt: im Wasser der Taufe, in der Salbung und Handauflegung bei der Firmung, unter den Gestalten von Brot und Wein bei der heiligen Kommunion: Bildersprache der Kirche.

So spricht die Bibel oft in Bildern, aber nicht, um uns im Stil von Hollywood in eine Traumwelt zu entführen, sondern um damit Wirklichkeiten zu enthüllen: „Wir heißen Kinder Gottes und wir *sind* es" (1 Joh 3,1). Es gilt, diese Wirklichkeiten ausfindig zu machen – was freilich nur im Kontext der kirchlichen Glaubensverkündigung gelingen kann. Mit dieser Sicherheit im Rücken aber dürfen wir das Bild „Bräutigam der Kirche" als Erkenntnisquelle nutzen, um zu beschreiben, was das Konzil über das Wesen des Priestertums mitteilen will, wenn es den Dienst des Priesters „in der Person Christi" sieht.

Es kann nämlich nicht genügen, über das Priesteramt nur unter Gesichtspunkten der Zweckmäßigkeit, des Funktionierens, nachzudenken. Die Kirche würde an der entscheidenden Wirklichkeit vorbei gehen, wenn sie sich hier die Wege nur von Arbeitspsychologen oder Industrieberatungsfirmen weisen ließe. Gewiss sind wir zurückhaltender geworden, was die „Besonderheit" des Geistlichen betrifft, und kaum würde man heute noch so formulieren wie einst Josef Sellmair[32]: Der Kleriker sei „ausgesondert von den Menschen wie die Getauften ausgesondert sind von den Ungetauften", er gehöre „Gott anders an als die übrigen Geschöpfe, anders auch als die Erlösten". Da hat Klaus Berger zweifellos recht, wenn er protestiert gegen die „landläufige Unterstellung, Priester stünden näher bei Gott als andere Getaufte". Aber leider übertreibt Berger dann in der umgekehrten Richtung, wenn er schreibt: „Die Bestimmung zum

Presbyterat bedeutet lediglich die Einsetzung zu einer besonderen Funktion innerhalb des heiligen Volkes Gottes."[33] Der Priester als „Funktionär"? Das greift zu kurz, selbst wenn damit sicherlich die echten geistlichen „Funktionen" in Verkündigung und Sakramentenspendung gemeint sind: Gerade diese bedürfen nämlich eines besonderen Fundamentes, das in der Weihe gelegt wird.

Christus nimmt den Priester durch die Weihe in seinen besonderen Dienst und sendet ihn zu den Menschen. „Wie mich der Vater gesandt hat, so sende ich euch" (Joh 20,21), sagt Jesus. Dieses Wort gilt es ernst zu nehmen. Wenn wir nach dem Wesen der Priesteramtes fragen, müssen wir hier anknüpfen: *Wie* sendet der Vater den Sohn?

Unter „Sendung" oder „Auftrag" kann man nämlich sehr Unterschiedliches verstehen. Ein Postbote hat in der Regel mit der Botschaft selber nichts zu tun, er überbringt sie nur, er kennt sie nicht einmal. Botschafter eines Staates dagegen sind bereits besondere Vertrauensträger, können Entscheidendes zur wirkungsvollen Übermittlung der Botschaft selber beitragen. Die Bibel erzählt von Boten Gottes, die den Herrn sozusagen persönlich präsent machen. Im Buch Exodus kündigt Gott einen Engel an und sagt von ihm: „In ihm ist mein Name gegenwärtig" (Ex 23,21). So stark wird diese Gegenwart gesehen, dass zuweilen nicht mehr exakt unterschieden werden kann, ob der Bote spricht oder der Herr selber, bei Jakobs nächtlichem Zweikampf etwa gilt dies (Gen 32,23), oder bei der Berufung Gideons (Ri 6). Ein Engel (angelus = Bote) ist immer mehr als ein bloßer Transporteur der Nachricht, Gabriel etwa, zu Maria gesandt, die Botschaft aller Botschaften zu überbringen.

Christus übertrifft alle Boten Gottes. Ihn hat der Vater in die Welt gesandt. Er macht den ewigen Gott erfahrbar. Er ist „das

Wort“ (Joh 1), das der Vater an uns richtet. In ihm wird der Vater sichtbar, wie dem Philippus erklärt wird (Joh 14,9). In ihm teilt der Vater sich selber mit. So also ist auch die Sendung zu verstehen, in die Christus seine Priester beruft: Er selbst teilt sich in ihnen mit. Er nimmt sie „in seine Person“. Deshalb dürfen wir anschauen, was in der Bibel über sein Verhältnis zur Kirche ausgeführt wird, was er selbst dazu sagt, und daraus Entscheidendes ablesen über das Wesen des Priestertums.

Der Priester wird ja durch seine Weihe auf besondere Weise mit Christus verbunden. Dies ist – wie wir gesehen haben – nicht nur eine Beziehung, sondern ein Eingriff in sein Wesen. Papst Johannes Paul II. legt Wert darauf, dass die Priester „in der Kirche und für die Kirche eine sakramentale Vergegenwärtigung Jesu Christi, des Hauptes und Hirten, sind“[34], und er sagt: „Der Heilige Geist gestaltet sie durch die sakramentale Salbung auf eine neue und spezifische Weise Christus nach“. Der Papst spricht also nicht nur von einem Auftrag oder einem Amt, sondern vom *Sein* des Priesters. Das Zweite Vatikanische Konzil nennt als Wirkung der Priesterweihe: „Sie zeichnet die Priester durch die Salbung des Heiligen Geistes mit einem besonderen Prägemal und macht sie auf diese Weisen dem Priester Christus gleichförmig (configurantur), so dass sie in der Person des Hauptes Christus handeln können.[35]

So darf man also nicht rein juristisch verstehen, was unser Konzilstext über die Berufung des Priesters sagt: als würde ihm der Bischof die Hände auflegen, nur um ihm eine bestimmte, ihn selbst aber in seinem Wesen nicht verändernde Vollmacht zu übertragen. Wenn wir vom „Handeln in der Person Christi“ sprechen, so mag dies zwar zunächst an eine juristische Terminologie erinnern. Schon Semmelroth hat aber dazu gesagt: „Das eigentlich Gemeinte und theologisch Gegebene wird damit aber wohl mehr verdeckt als kundgegeben." Auch dürfe man darin nicht eine bloß schauspielerische Darstellung („Rolle") sehen. Das Handeln in der Person Christi sei vielmehr eine „zeichenhafte Repräsentation", und diese sei wie das äußere Zeichen eines Sakramentes zu verstehen, als Darstellung einer vorhandenen Realität, als „Mitteilung des Bezeichneten", des Christus".[36] Und die römische Kongregation für die Glaubenslehre pflichtet ihm bei. Sie lehnt es ab, die Formulierung „in persona Christi" nur im Sinne von „im Namen" oder „in Stellvertretung" zu verstehen. Es bedeute vielmehr „die spezifische sakramentale *Identifizierung* mit dem ewigen Hohenpriester."[37]

Bündelung der Bilder

Das Zweite Vatikanische Konzil sieht den Priester in der Partnerschaft mit der Gemeinde, ja es definiert ihn von daher: Sein Weihepriestertum und das gemeinsame Priestertum der Gläubigen „sind einander zugeordnet“[38]. Aussagen, die diese Partnerschaft betreffen, sind also immer für beide Seiten wichtig, für die Gemeinde wie für den Priester. So lohnt es für unsere Frage nach dem Wesen des Priestertums, einmal zu sammeln, was das Konzil denn über die „Partnerin“ sagt, mit der der Priester durch seine Weihe unauflöslich verbunden ist. Es hat sich ausführlich geäußert und dabei biblische Bilder[39] verwendet, also Wege beschritten, die uns schon geläufig sind.

So erscheint die Kirche als *Schafstall*, dessen einzige Tür Christus ist, als *Herde*, der die Sorge des Guten Hirten gilt, bis zur Hingabe seines Lebens für die Schafe – ein Bild, das schon sehr früh in der Glaubenstradition lebendig war, wie Wandgemälde in den römischen Katakomben zeigen. So wird der Priester als Hirt (lateinisch „pastor“) gesehen, sein gesamtes Wirken wird als „Pastoral“ bezeichnet. Hermann Volk, der Mainzer Bischof und spätere Kardinal, hat sein kostbares Büchlein über das Priestertum[40] ganz auf diesem Hirtenbild aufgebaut.

Die Kirche ist die *Pflanzung*, der *Acker*, der *Weinberg* Gottes – auch hier geht es um geläufige Bilder in der Tradition der Kirche: Christus – und mit ihm der Priester – erscheint dann als der Mann, der den guten Samen ausstreut, der im Weinberg des Herrn arbeitet.

Auch wird die Kirche Gottes *Bauwerk* genannt, *sein Haus, Zelt, seine Wohnstatt* unter den Menschen, sein heiliger *Tempel, die hei-*

lige Stadt Jerusalem – Stätten, die Gott seinem Volk erbaut, wo er ihm begegnet und Segen schenkt.

Einen längeren Abschnitt widmet das Konzil in diesem Zusammenhang dem Bild vom *Leib* Christi, in dem die Gläubigen als seine Glieder vereint sind.

Auch das uns bereits vertraute Bild erscheint. Wörtlich heißt es: „Christus aber liebt die Kirche als seine *Braut*; er ist zum Urbild des Mannes geworden, der seine Gattin liebt wie seinen eigenen Leib."

Beim Bild vom *Volk Gottes* findet sich die Kirche in dem wandernden Volk Israel wieder, das von Gott aus Ägypten befreit, durch die Wüste geführt wird, mit dem er einen Bund schließt und das er im Auf und Ab seiner Geschichte begleitet.

Bilder umschreiben das Wesen der Kirche:

Leib
Herde
Acker
Weinberg
Bauwerk
Volk Gottes.

Entsprechend wird die Zuordnung des „Partners" Christus gesehen:

Haupt
Hirte
Sämann
Winzer
Baumeister
Herr.

Viele Bilder – und doch haben sie eines gemeinsam: Die Kirche wird nie „für sich" betrachtet, sondern immer in Beziehung zu ihrem Gegenüber, zu Christus. Alle Bilder erzählen von inniger partnerschaftlicher Verbindung. Es ist deshalb angemessen, alle diese Aussagen gebündelt zu sehen in dem stärksten Partnerschaftsbild, das uns die Bibel vermittelt: im Bild von der bräutlichen Kirche und Christus, dem gottmenschlichen Bräutigam.

Damit werden wir zu einem tieferen Verständnis von der Kirche als ganzer geführt, aber auch zu Erkenntnissen von ihrer inneren Struktur, in der die Partnerschaft Christus-Kirche abgebildet ist im Miteinander und Gegenüber von Priester und Gemeinde. Schauen wir uns die Bilder näher an:

Volk Gottes.

Die am häufigsten zitierte Konzilsaussage – „Die Kirche ist das Volk Gottes" – weist in die partnerschaftliche Richtung. Sie darf nämlich nicht nach bloßen gesellschaftlichen Kriterien interpretiert werden, etwa im Sinne der Volks-Souveränität oder der politischen Demokratie oder der Monarchie. Unter allen soziologischen Modellen passt zum biblischen Verständnis eigentlich nur eines: die Ehe. Das Volk ist die Tochter Zion. Die Kirche als das Gottesvolk des neuen Bundes ist die Braut des Erlösers Christus.

Leib Christi

Schwierig wird es, will man auch das Bild von der Kirche als dem Leib Christi in dieser Richtung deuten: Leib Christi – Braut Christi: Passen diese beiden Bilder zueinander? Tatsächlich aber wird vom Neuen Testament selber die Verschmelzung der Bilder vorgenommen, wenn Paulus im Epheserbrief davon spricht, dass Christus, das Haupt, mit der Braut Kirche „ein Fleisch" wird (Eph 5,31). Das Konzil greift diese Textstelle auf und unterstreicht den

Zusammenschluss der Bilder: „Christus aber liebt die Kirche als seine Braut; er ist zum Urbild des Mannes geworden, der seine Gattin liebt wie seinen eigenen Leib. Die Kirche ihrerseits ist ihm als ihrem Haupte untertan … Er erfüllt die Kirche, die sein Leib und seine Fülle ist, mit seinen göttlichen Gaben“[41]. Schon Papst Pius XII., der die Kirche vor allem als mystischen Leib Christi beschrieben hat (Er ist das Haupt, wir sind die Glieder), vollzog den Zusammenschluss dieses Bildes mit dem von Bräutigam und Braut: „Er (Paulus) weiß zwar um die wunderbar innige Verbindung Christi mit seinem mystischen Leib, aber er stellt sie dennoch wie Braut und Bräutigam einander gegenüber“.[42] Man kann also das Verhältnis Christi zur Kirche sehen als das Verhältnis des Hauptes zum Leib; man kann es ebenso sehen als das Verhältnis des Bräutigams zur Braut. Paulus zieht zwei Bilder kühn in eines.

Guter Hirt

Auch das Bild vom Guten Hirten weist auf diesen Zusammenhang hin und so über sich selbst hinaus. Bei den Hirtentexten des Alten Testamentes gibt es nämlich nicht die Vorstellung, dass der Hirte sein Leben gibt für seine Schafe. Christus führt also das Bild weiter im Sinne von Liebe, Hingabe und Partnerschaft. Er ist der Gute Hirte, der sich verschenkt an seine Herde, seine Kirche, seine Braut. Schon Augustinus führt die beiden Bilder zusammen: „Die Tochter Zion … war zugegen in jenen Schafen, die die Stimme ihres Hirten vernehmen. Sie war in jener Menge, die den herankommenden Herrn mit solcher Hingabe lobte …“.[43]

Gottes Stadt, Bauwerk

Das Bild von der Kirche als Bau, als Haus oder Stadt Gottes lässt zuerst an einen Baumeister denken und legt Vorstellungen von Planung und Konstruktion nahe – was möglicherweise manchen heutigen Planern einer Kirche der Zukunft entgegenkommt. Biblisch ist aber auch für dieses Bild ein Verständnis, das der Brautmystik nahe kommt. Der Prophet Jesaja (62,5) kündigt das Heil Jerusalems als Hochzeit mit Jahwe an: „Wie der junge Mann sich mit der Jungfrau vermählt, so vermählt sich mit dir dein *Erbauer.*" In dem prophetischen Buch des Neuen Testamentes, der Geheimen Offenbarung, wird die verklärte Kirche im Bild des himmlischen Jerusalem dargestellt wie „eine Braut, die sich für ihren Mann geschmückt hat" (Offb 21,2).

Wir folgen also einem starken Strom biblischer Aussagen, wenn wir die Gemeinde, die Kirche, als die Braut des Erlösers betrachten und den Priester, der ihr „in der Person Christi" gegenübersteht, als ihren Bräutigam. Und damit gewinnen wir eine wichtige Aussage über ihre Grundstruktur: Die Kirche ist „polar gebaut"[44]. In ihr stehen sich immer Amt und Gemeinde gegenüber als Repräsentanten von Bräutigam und Braut: „Das Amt vertritt den Bräutigam, wie er in liebevoller Partnerschaft der Braut gegenübersteht". Und auf den Priester dürfen wir, nachdem wir die Aussagekraft der biblischen Bilder geprüft haben, die Begriffe anwenden, die wir für Christus gefunden haben. Der Priester hat ja durch seine Weihe ein neues Sein erhalten, ist einbezogen in die Person Christi. So dürfen wir, um sein Wesen zu beschreiben, die Formulierung des Johannesbriefes benutzen (1 Joh s.o.): Er heißt nicht nur Bräutigam der Kirche, er *ist* es.

Die Kirche ist weiblich

Ehe wir auf diesem Gedankenweg fortschreiten, mag es nützlich sein, sich noch einmal um die Begriffe „Kirche“ und „Gemeinde“ zu bemühen, denn darunter wird in der öffentlichen Diskussion Unterschiedliches verstanden.

Manche haben, wenn sie von „der Kirche“ reden, in Wirklichkeit nur die „Obrigkeit“ im Blick. Wenn es heißt, „die Kirche“ solle dieses oder jenes tun, dieses oder jenes unterlassen, dann ist damit oft die „Amtskirche“ gemeint, der Papst oder der Bischof, zuweilen auch der Ortspfarrer. Kirche gleich Klerus: eine veraltete Sicht. Gewiss: Wenn es heißt: „Dies lehrt die Kirche“, dann sind in der Regel Papst und Bischöfe gemeint, die in Vollmacht für die Kirche sprechen können. Aber deshalb sind nicht sie allein „die Kirche“.

Mit dem Wort „Kirche“ oder „Gemeinde“ kann dann also zunächst die Gemeinschaft als ganze gemeint sein, Priester und Laien: eine sinnvolle Definition, denn selbstverständlich gehören Bischöfe und Priester zur Kirche, und es ist für sie selber wichtig, dass sie zunächst einmal getaufte Glieder der Kirche sind wie alle anderen – ehe man das Besondere ihrer Berufung betrachtet.

Gemeint ist aber mit „Kirche“ und „Gemeinde“ oft nur die Schar der Gläubigen, die dem geweihten Priester gegenüber steht, also gerade nicht der Klerus. Dieser Begriff ist notwendig, wenn man die Partnerschaft zwischen beiden, Priestern und Laien, zwischen Amt und Gemeinde, erklären will.

Es sollte zur Klarheit beitragen, wenn man sich im Gespräch darauf einigt, welcher Begriff jeweils gemeint ist. Dass sie miteinander korrespondieren, wird damit nicht bestritten, denn die Kirche soll ja das Verhältnis, das sie als ganze zu Christus hat, in ihrer inneren Struktur nachbilden im Verhältnis der Gläubigen zum Bischof oder Priester.

Eine wichtige Erkenntnis für die Kirche als ganze ergibt sich aus unserer Betrachtung der biblischen Bilder: Die Kirche ist weiblich.

Gottes Bemühen um sein Volk im Alten Bund, Christi Hingabe an seine Braut, die Kirche: Das ist immer Ausdruck einer männlich-weiblichen Beziehung. Entsprechend wird Gottes Volk durch eine Frau dargestellt. Im Alten Bund ist es die auserwählte Tochter Zion. Im Neuen Bund ist es Maria, das Urbild der Kirche.

An entscheidenden Stellen der Heilsgeschichte steht Maria für uns alle vor Gott. Ihr wird vom Engel Gabriel die Botschaft von der Menschwerdung Gottes überbracht. Sie wird gefragt, ob sie bereit ist, dabei die Aufgabe zu übernehmen, die nur von einer Frau erfüllt werden kann: Mutter des Herrn zu werden. Gott will die Menschheit nicht ohne ihr Zutun erlösen. Für das Heil Gottes, das in die Welt kommen soll, sucht er die Empfangsbereitschaft des Menschen, seine Zustimmung, seine Mitwirkung. Deshalb wird an Maria nicht einfach gehandelt. Sie wird gefragt. Und sie gibt die Antwort: „Siehe, ich bin die Magd des Herrn!“ (Lk 1,38)

Sind wir uns eigentlich hinreichend darüber klar, welches Gewicht dieses Wort hat? Es ist eben nicht nur die kindliche Ergebung eines frommen Mädchens in den Willen Gottes, es ist das Ja-Wort der Menschheit auf Gottes Anfrage, ihre Zustimmung zum Heilsplan des Allmächtigen. Sie wird von einer Frau gegeben. Sie kann nur von einer Frau gegeben werden, weil nur eine Frau den Sohn Gottes als Mensch empfangen kann.

Schauen wir bei allem Nachdenken wieder einmal auf unser

Bronzebild: Christus und die Kirche, oder, genau so richtig: Maria unter dem Kreuz. Wieder steht sie hier für uns alle, um die Gnaden der Erlösung, die Frucht des Kreuzestodes Christi, entgegen zu nehmen. Es ist ein Mann – Jesus Christus –, der uns Gottes Heil erwirbt und schenkt. Es ist eine Frau – Maria –, die es für uns entgegen nimmt. Sie verkörpert die empfangende Kirche. Sie ist ihr Urbild. Eine Frau stellt das Wesen der Kirche dar. Die Kirche ist weiblich.

Das kirchliche Lehramt hat zuweilen eingegriffen, wenn dieses partnerschaftliche Gegenüber ins Unklare geriet. So hat das Heilige Offizium im Jahre 1916 verboten, Maria in priesterlichen Gewändern darzustellen[45] und sie als „priesterliche Jungfrau“ (virgo sacerdotalis) anzurufen.[46] Maria stellt nämlich nicht den „Hohenpriester Christus“ dar, sondern die Kirche, seine Braut, die ihm gegenübersteht, um Gottes Gnade zu empfangen. Dieses partnerschaftliche Gegenüber darf nicht durch falsch gewählte Bilder vernebelt werden.

Vorsicht ist deshalb auch geboten bei einer Formulierung Greshakes, der Priester handle „in der Person der Kirche“. Er argumentiert: Der Priester vertrete nicht nur Christus gegenüber der Gemeinde, er vertrete in seiner Person auch die Gemeinde selber, handle also nicht nur „in persona Christi“, sondern auch „in persona ecclesiae“. Natürlich ist der Priester Repräsentant der Gemeinde und handelt in ihrem Namen, wenn sie in ihrer Gesamtheit gemeint ist, er vollzieht seine geistlichen Dienste als Mann der Kirche, und dafür kann man grundsätzlich (sogar unter Berufung auf Thomas von Aquin) die Formulierung „in der Person“ verwenden. Das Konzil benutzt die Formulierung „in persona“ aber, um das innerkirchliche Gegenüber darzustellen, und da steht der Priester eben nicht an der Stelle der Gemeinde, sondern an der Stelle Christi. Zu empfehlen ist daher, mit Walter Kasper von einer doppelten Repräsentanz des Amtes zu sprechen: „Es repräsentiert die Gemeinde und es repräsentiert Jesus Christus gegenüber der Gemeinde".[47]

Die Kirche ist weiblich – in doppeltem Sinn. Es gilt, wenn man unter „Kirche" die Gemeinde versteht, die partnerschaftlich dem Priester gegenübersteht. Es gilt erst recht, wenn man sie als Braut Christi in ihrer Gesamtheit betrachtet, mit allen, die dazu gehören: Priester und Laien, Männer und Frauen, Sünder und Heilige. Ist dies eigentlich bei den vielen nachkonziliaren Diskussionen um die Zukunft und die Erneuerung der Kirche hinreichend bedacht worden?

Schon in den siebziger Jahren des vorigen Jahrhunderts hat Hans Urs von Balthasar dringend davor gewarnt, dass das Weibliche in der Kirche, das er vor allem im Mystischen, im Marianischen sieht, „verschattet oder preisgegeben" wird. Er beklagt: „Die nachkonziliare Kirche hat ihre mystischen Züge weitgehend eingebüßt. Sie ist eine Kirche der permanenten Gespräche, Organisationen, Beiräte, Kongresse, Synoden, Kommissionen, Akademien, Parteien, Pressionsgruppen, Funktionen, Strukturen, und Umstrukturierungen, soziologischer Experimente, Statistiken: mehr als je eine Männer-Kirche." Dabei warnt er aber genau so entschieden davor, dass die Frau, anstatt ihr Besonderes einzubringen, „im Zuge der Demokratisierung der Kirche in die hierarchischen Ämter hineindrängt". Dabei würde sie vom Regen in die Traufe kommen und selber ein „geschlechtsloses Gebilde" werden.[48]

Was also könnte man tun, um das weibliche, besonders das mystische Element in der Kirche zu stärken? Schon diese Frage ist ziemlich „männlich“, denn Gnaden der Mystik, der tiefen Gottverbundenheit, werden eben nicht „gemacht“, sondern empfangen. Aber Probe aufs Exempel: Wenn sich irgendwo ein beschaulicher Ordenskonvent oder eine Gebetsgemeinschaft bildet, muss man heutzutage mit der Frage rechnen, was denn da geleistet werde, welchen Zweck ein solches Kloster, eine solche Vereinigung denn habe, welchen Nutzen sie bringe: lauter „männliche“ Fragen. Dass die besondere Gottesnähe solcher Frauen (oder auch Männer!) ihren Sinn in sich selber trägt, müssen wir wohl erst wieder neu lernen. Das aber wäre zum Beispiel die Wiedergewinnung eines „weiblichen“ Zugs im Antlitz der Kirche.

Weiblich gleich mystisch: Das wäre – als Definition für sich genommen – eine arge Engführung und ist so zweifellos von Urs von Balthasar nicht gemeint. Wir dürfen seine Frage ausdehnen: Was bedeutet uns heute das Wort von der „Mutter Kirche“? Es besagt doch wohl vor allem, dass man sich in ihr geborgen fühlen darf wie das Kind bei der Mutter. Dass sie uns eine innere Heimat schenkt, ein Ort der Ruhe ist im hektischen Getriebe der Welt. Haben wir diesen weiblichen Wert der Kirche noch im Auge? Man beobachte einmal kritisch, was bei der Beurteilung von Priestern und Gemeinden erwähnt wird, in der Presse zum Beispiel, manchmal auch von „höherer Stelle“: Was sie leisten, ob „etwas los ist“, welche Aktionen man durchzieht, was gebaut, organisiert, initiiert wird: Kommt es darauf – bei aller Wertschätzung solcher Aktivitäten – wirklich am meisten an?

Sind wir nicht zu sehr eine (männliche) Kirche der „Macher“ geworden und vergessen darüber, dass die Kirche zu allererst eine (weibliche) Empfängerin ist, die von Gottes Güte Heil und Freude entgegen nimmt? Sehen wir die Hauptaufgabe der Kirche in unserem eigenen Machen und Gestalten – oder im empfangenden Hören auf Gottes Wort, im Annehmen der Liebe, die uns vom Kreuz her geschenkt wird?

Die Kirche ist weiblich. Gewiss lassen sich aus einer solchen Glaubenssicht keine schnellen Schlüsse ziehen. Aber wird sie überhaupt genug bedacht? Es müssten aus solchen Bemühungen dann auch Erkenntnisse über die Stellung der Frau in der Kirche folgen. Und zwar solche, die das weibliche Antlitz der Kirche stärken. Wird eigentlich genug darüber nachgedacht, was Frauen *als Frauen* der Kirche geben können – oder sieht man das Ganze vorwiegend unter Gesichtspunkten wie Gleichstellung, Quote, Macht?

Natürlich darf, wo die Partnerschaft des Erlösers mit der Menschheit sichtbar werden soll, das männliche, das Christus-Element nicht fehlen. Aber sind, wenn die Kirche als solche weiblich ist, Frauen nicht in besonderer Weise gefragt, ihr ein marianisches Gesicht zu geben?

Frauen bilden unter den Mitfeiernden der Sonntagsmesse in der Regel eine deutliche Mehrheit. Sind sie vielleicht „von Natur aus" stärker befähigt, auf die „Brautwerbung" Gottes zu antworten – und so für die Männer Lehrmeisterinnen hinsichtlich der Gottesbegegnung zu sein?

Hat man genug beachtet, dass die Ordensfrauen bei ihrer Profess Schleier und Kranz als Bräute Christi tragen und in ihrem Stand in ganz besonderer Weise das Wesen der Kirche sichtbar machen?

Hat man schon einmal theologisch die Tatsache gewertet, dass es vor allem Frauen waren, die unter dem Druck gottloser Regime (zum Beispiel im Bolschewismus) den Glauben festgehalten, weitergegeben, die Existenz der Kirche erhalten haben? Und dass dies in vielen Familien auch hier und heute, unter westlichen oder freiheitlichen Bedingungen, der Fall ist? Was leisten Mütter und Großmütter zur Weitergabe des Glaubens!

Hat man schon genügend gewürdigt, wie stark weibliche Heilige das Gesicht der Kirche geformt haben? Überzeugende Beispiele dazu bringt Beate Beckmann-Zöller mit ihren Lebensbildern der heiligen Hildegard von Bingen, Birgitta von Schweden, Caterina von Siena, Mary Ward, Elena Guerra und Edith Stein.[49] Es sind Beispiele für die Fülle dessen, was Frauen – als Frauen – zur Gestalt der Kirche beitragen können. Manfred Hauke, ein durchaus kritischer Beobachter des Feminismus und der feministischen Theologie, sagt: „Die »weibliche« Theologie heiliger Frauen könnte ein wichtiges Korrektiv sein für einen modernen Wissenschaftsbetrieb, der sich nicht selten in »männlichen« rationalistischen Abstraktionen verliert. Kirchlich verankerte, das Gemüt mit einbeziehende Intuition und präzise Reflexion sollten nicht nur in jedem einzelnen Christen, sondern auch in der Theologie stärker verbunden sein.“[50] Und wie weit sind wir eigentlich mit unserem Bemühen gekommen, den großen Frauengestalten der Bibel Impulse für heute abzugewinnen? Der Versuch, biblische Vorstellungen von Mann und Frau zu bedenken, muss nämlich keineswegs in eine kulturhistorische Sackgasse führen, ins Hochstilisieren zeitbedingter Lebensmuster, bei denen immer nur die Männer dominieren. Was für Gegenbeispiele bieten Ruth, Judith, Rebecca! Ist die Partnerschaft, die das Hohe Lied feiert, etwa Männer-dominant? Ist es die Jahwe-Israel-Beziehung – eine außerordentlich riskante Frage, weil es ja um die Beziehung zwischen Gott und Mensch geht, aber selbst hier: Wie stark geht es hier um die Würde, um die Lebenserfüllung der Partnerin!

Was ist zu tun, zu entdecken, zu bedenken, zu erbitten, damit die Kirche wieder stärker von ihren marianischen, ihren weiblichen Eigenschaften geprägt sei?

Das ist vielleicht *die* entscheidende Frage für ihre Zukunft, weil sie das Wesen der Kirche, der Braut Christi, betrifft. Sie kann hier nicht beantwortet, nur mit Nachdruck aufgeworfen werden. Treibt sie uns um? Beschäftigt sie unsere Theolog(inn)en?

Frauen – gibt es die überhaupt?

Wir haben uns auf ein heiß umstrittenes Gebiet begeben, und es erscheint notwendig, auf die Grenzen hinzuweisen, die diesem Buch gezogen sind. Das umfassende Thema „Frauen und Kirche" auch nur einigermaßen zureichend zu behandeln, würde den Rahmen dieser Arbeit sprengen. Noch mehr gerieten wir ins Uferlose, wollten wir uns gründlich mit allen Bestrebungen, Verästelungen und Kontroversen auseinandersetzen, die sich mit dem Begriff „Feminismus" verbinden, erst recht mit den zuweilen skurrilen Theorien, die unter der Flagge „Gender-Mainstream" daher segeln. Darum seien hier nur einige Bemerkungen erlaubt, die zumindest helfen könnten, unsere Bemühungen vor Missverständnissen zu schützen.

Was Männern und was Frauen zukommt, was für eine Rolle Männer und Frauen in der Gesellschaft, in Beruf und Familie spielen sollen – das ist im Laufe der Jahrhunderte durchaus verschieden beantwortet worden. Zuweilen hat man gerade im katholischen Bereich dazu geneigt, das Familienbild des Biedermeier, wie es schon Schiller im Lied von der Glocke preist, als *das* christliche Modell anzusehen, mit einer klaren Verteilung der Zuständigkeiten:

Der Mann muss hinaus
ins feindliche Leben,
muss wirken und streben
und pflanzen und schaffen,
erlisten, erraffen,
muss wetten und wagen,
das Glück zu erjagen …
Und drinnen waltet

die züchtige Hausfrau,
die Mutter der Kinder,
und herrschet weise
im häuslichen Kreise …

Ein klares Bild ist das zweifellos, man sollte seine segensreichen Wirkungen durchaus gelten lassen. Manches daraus hat immer noch eine gewisse Gültigkeit, besonders da, wo eine gute Ergänzung bei gleichberechtigter Partnerschaft beschrieben wird:

Denn wo das Strenge mit dem Zarten,
wo Starkes sich und Mildes paarten,
da gibt es einen guten Klang.

Hier werden aber zweifellos auch zeitbedingte Engführungen vorgestellt – zum Beispiel die vielzitierte Einschränkung der Frau auf die drei Felder Kinder, Kirche, Küche. Man wirft der Kirche gelegentlich vor, sie habe dergleichen allzu lange einfach gut geheißen. Dabei wird zuweilen übersehen, dass diese Sicht gerade auch in der Kirche selbst ihre Überwinder(innen) gefunden hat, angefangen von der Mädchen-Bildungsarbeit, die von Orden, zum Beispiel den Ursulinen, geleistet worden ist, bis hin zu den Bestrebungen des Katholischen Deutschen Frauenbundes, jungen Frauen Wege zum Universitäts-Studium und in die Politik zu öffnen. Vielleicht sollte man die katholischen Frauen-Vertreterinnen ermutigen, mit mehr Selbstbewusstsein auf die Leistungen ihrer Verbände hinzuweisen, mit denen sie sich wahrhaftig vor so manchen Propagandistinnen einer angeblich neuen Emanzipation nicht zu verstecken brauchen. Heute stehen sie vor einer ganz anderen, fast unerwartet aufgetretenen Herausforderung: sich – grob gesagt – gegen die Abschaffung der Frau zur Wehr zu setzen.

Das Nachdenken über den Menschen wird seit dem vorigen Jahrhundert stark durch die „Existenz-Philosophie" geprägt. Sie betont die menschliche Freiheit und weist den Menschen mit Nachdruck darauf hin, dass er Verantwortung trägt für das, was er aus sich selber macht – ein sinnvoller, ja notwendiger Impuls in einem Zeitalter, wo Vermassung und Gleichschaltung des Denkens drohen. Dieser Ansatz wurde dann aber von bestimmten Richtungen maßlos übertrieben: Der Mensch sei nur das, was er aus sich selber mache, oder was aus ihm gemacht werde. Da gab es schließlich, etwa bei dem französischen Philosophen und Dramatiker Jean Paul Sartre, überhaupt keine Grundstrukturen des Mensch-Seins mehr, geschweige denn eine Schöpfungsordnung, die Bindungen oder Gebote zur Folge hätte. Jeder Mensch müsse „sich selbst entwerfen", ohne jede Vorgabe. Sartres „Lebensgefährtin" Simone de Beauvoir leitete daraus die Behauptung ab, niemand sei von Natur aus Frau oder Mann, dazu werde der Mensch erst durch den „Rollendruck" der Gesellschaft gemacht. Längst ist daraus eine Strömung entstanden, die unter dem Begriff „Gender-Mainstream" jegliche geschlechtliche Grund-Prägung abstreitet und schon mächtige Fortschritte gemacht hat in dem Bestreben, diese Ideologie in Parlamente und Regierungen zu tragen, ihre Sprachregelungen und Denkverbote in die Universitäten zu drücken, mit einer penetranten Homosexuellen-Propaganda die sexuelle Normalität und damit die Familie zu vernichten.[51] Man tritt dabei mit hohem „wissenschaftlichen" Anspruch auf und ignoriert souverän die Ergebnisse exakter Forschung – etwa der Physiologie oder der Psychologie. Nachdem Judith Butler, eine der radikalsten Vertreterinnen dieses

Trends, mit einem hohen deutschen Preis als „bedeutendste Philosophin der Gegenwart" ausgezeichnet worden ist, gehört bereits einiger Mut dazu, dem Unfug zu widerstehen – nicht zuletzt der Arroganz des Begriffes „Mainstream": Hauptströmung? Noch darf man ja wohl davon ausgehen, dass die Menschen sich in überwältigender Mehrheit als das fühlen, was sie sind: als Männer oder Frauen, und dass sie sich bemühen, ihrem Mann- oder Frau-Sein ihre individuelle Prägung zu geben.[52]

Papst Benedikt XVI. hat den „Gender-Mainstream" scharf kritisiert: „Die tiefe Unwahrheit dieser Theorie und der in ihr liegenden anthropologischen Revolution ist offenkundig". Er greift einen Weckruf des Großrabbiners von Frankreich, Gilles Bernheim, auf und stellt fest: „Wenn es aber die von der Schöpfung kommende Dualität von Mann und Frau nicht gibt, dann gibt es auch Familie als von der Schöpfung vorgegebene Wirklichkeit nicht mehr. Dann hat aber auch das Kind seinen bisherigen Ort und seine ihm eigene Würde verloren".[53]

Auch christliche Theologinnen sind vom Gender-Trend beeinflusst worden. Mary Daly wandte sich scharf gegen Gertrud von le Fort und stritt jegliches Wesens-Merkmal des Weiblichen grundsätzlich ab. Eine bleibende symbolische Bedeutung gebe es nicht, weil die zu Grunde liegenden Fakten – zu denen auch die Biologie gehöre – dem Wandel der Zeit unterlägen. Alles Gerede von einem „Wesensbild der Frau" sei Spekulation der „Männergesellschaft"[54].

Müssen wir nun, wenn wir das biblische Bräutigam-Braut-Thema erörtern und in der Ekklesiologie anwenden, alle diese Theorien kennen? Müssen wir, um vom Gender-Trend los zu kommen, aus Anthropologie und Geschichte präzise herausfiltern, was denn nun echt weiblich und was genuin männlich sei? Oder ist es uns erlaubt, eher naiv und unreflektiert von Bräutigam und Braut im Blick auf Christus und die Kirche zu reden?

Unsere Bundesgenossen sind die Liebespaare, auch die hochgebildeten, die kritisch reflektierenden. Ihre Partnerschaft gelingt nämlich nicht auf Grund umfassender Studien unseres Problems, sondern durch Liebe, Hingabe, Bereitschaft, partnerschaftliche Achtung, also durch ein normales Verhalten, bei dem der männlich-weibliche Unterschied schlicht vorausgesetzt und beglückend erlebt wird.

Immerhin: Der Trend ist stark, mit bloßem Hausverstand ist er offensichtlich nicht zu stoppen. So haben wir Grund, den tapferen Frauen und Männern zu danken, die sich wissenschaftlich damit auseinandersetzen und dieser undankbaren Aufgabe im Dienst der Menschenwürde nicht ausweichen.[55]

Glücklicherweise gibt es beim Feminismus, auch in der feministischen Theologie, auch ganz andere, der Gleichmacherei entgegen gesetzte Stimmen. Man kämpft für die Gleichberechtigung der Frauen, aber nicht mit dem Ziel, ihnen das Frau-Sein auszutreiben. Vielmehr will man den Frauen Mut machen, ihre Besonderheit zu leben und in der Gesellschaft zur Geltung zu bringen. Dieser „Differenz-Feminismus“ könnte zur Rettung einer uralten Menschheitskultur beitragen. Was für eine Öde droht uns doch, wenn „Gender“ sich durchsetzen und wenn damit die Spannung der Geschlechter dem Kahlschlag der Gleichmacherei zum Opfer fallen sollte! Was bliebe denn von der Weltliteratur, wenn man Dante seiner Beatrice, wenn man Goethe seiner Iphigenie beraubte! Was für eine Langeweile durchzöge jegliche Poesie, würde man den Zauber des Weiblichen zum Ergebnis gesellschaftlichen Druckes degradieren und im menschlichen Wesen nur Neutrumsexistenzen kennen! Wie betrogen wären die Männer, wenn nichts Weibliches mehr sie hinanzöge? Was würde aus Joseph Haydns sinfonischer Kunst, männliches und weibliches Thema einander gegenüber zu stellen, sie miteinander zu verweben und zur vollendeten Harmonie und Fülle des Klanges zu führen!

Die Differenz im Wesen von Mann und Frau neu zu entdecken, ohne in alte Rollenklischees zurückzufallen: Das könnte auch für die Kirche wieder neue Chancen bringen, über männliche und weibliche Berufungen nachzudenken, ohne sich sogleich den Vorwurf der Diskriminierung zuzuziehen. Tatsächlich dürfte, wenn sich der Gender-Nebel erst lichtet, jenes großartige Menschheits-Panorama sichtbar werden, das die Bibel schon auf ihren ersten Seiten andeutet: „Gott schuf also den Menschen als sein Abbild; als Abbild Gottes schuf er ihn. Als Mann und Frau schuf er sie (Gen 1,27)."

Vielleicht sollte man wieder an Gedanken anknüpfen, die Herbert Doms schon in den dreißiger Jahren des 20. Jahrhunderts vorgetragen hat, herkommend von der Biologie. Er beschrieb das männlich-weibliche Gegenüber als ein Grundprinzip der Schöpfung, auch in der Tier- und Pflanzenwelt, und hob hervor, dass diese Partnerschaft dem Menschen nicht nur zum Zweck der Arterhaltung gegeben sei, sondern dem Mann und der Frau zunächst um ihrer selbst willen. Konsequent formuliert Doms: „Eine natürlich vollkommene Persönlichkeit sein, heißt also, Mann oder Weib sein und als Mann oder Weib leben."[56] Die Ehe, so formulierte er später, sei „ein in die Schöpfung eingesenkter Gottesgedanke", und dessen eigentliche und ursprüngliche Intention liege in der „Bildsprache Gottes", nämlich das zukünftige Verhältnis von Christus und seiner Kirche als der „Ehe Gottes mit dem Menschengeschlecht zu symbolisieren".[57]

Gertrud von le Fort hat mit ihrer Rede über die „Bestimmung des Weiblichen – Die ewige Frau“ 1934 versucht, eine fast mystische Wesenhaftigkeit der Frau zu beschreiben. Viel nüchterner ist damals Edith Stein an dieses Thema herangegangen, aber auch sie hat das spezifisch Weibliche zu erfassen versucht: „Der weiblichen Species entspricht Einheit und Geschlossenheit der gesamten leiblich-seelischen Persönlichkeit, harmonische Entfaltung der Kräfte, der männlichen Species Steigerung einzelner Kräfte zu Höchstleistungen.“ Doch warnt sie auch vor Einseitigkeiten: Wir sehen „bei heiligen Männern weibliche Zartheit und Güte und wahrhaft mütterliche Fürsorge für die Seelen, die ihnen anvertraut sind, bei heiligen Frauen männliche Kühnheit, Festigkeit und Entschlossenheit.“[58]

Nachdem Papst Benedikt XVI. der heiligen Hildegard von Bingen den Titel einer Kirchenlehrerin zuerkannt hat, könnte ein neues Nachdenken über das weibliche Antlitz der Kirche und die Rolle der Frau in ihr einsetzen, und dabei dürfte es sich lohnen, auf halb Vergessenes aus noch gar nicht so weit zurück liegenden Zeiten zurückzugreifen. Wir aber sind, nach einem beschwerlichen Weg durch die Gefilde des Feminismus, zu unserem Hauptthema zurückgekehrt: über Kirche, Christus und Priestertum nachzudenken.

Polar gebaut – von Anfang an

Die Kirche ist weiblich – wenn man sie (in ihrer Ganzheit) als Partnerin Jesu Christi sieht.

Die Kirche ist polar gebaut – wenn man ihre innere Struktur meint.

Damit wird unser Thema weitergeführt: Wie soll es sich innerkirchlich auswirken, dass hier ein männlich-weibliches Gegenüber vorliegt, weil der Priester „in persona Christi" der Gemeinde gegenübersteht?

Doch ehe wir hier weiterführende, für die Grundgestalt der Kirche entscheidende Konsequenzen ziehen, sollten wir unseren Befund noch einmal biblisch absichern. Ein Gegenüber von Amt und Gemeinde als Grundstruktur der Kirche anzunehmen: Entspricht das eigentlich dem Willen Jesu Christi? Hat er so seine Kirche gewollt? Und was sagen die Texte des Neuen Testamentes aus über die Gemeinden des Anfangs? Lebten sie in diesem Gegenüber – oder ist das „Amt" erst später entstanden, aus welchen Ursachen auch immer?

Vor rund hundert Jahren hat der protestantische Kirchenrechtler Rudolf Sohm die These aufgestellt, die Gemeinden der Urkirche seien Spontan-Zusammenschlüsse gewesen, sie hätten sich aus pfingstlicher Begeisterung gebildet, ohne jede feste Struktur oder gar eine Ämter-Ordnung. Viele Theologen sind dieser Ansicht gefolgt, haben nach den Gründen gesucht, wieso sich dann nach und nach ein Leitungsamt herausgebildet habe, Bischofsamt und Weihepriestertum. Geschah es aus „Verlegenheit", weil die nah erwartete Wiederkunft des Herrn ausblieb, sodass die Anfangsbegeisterung abebbte und irgendetwas passieren musste, damit die Gemeinde nicht auseinanderfiel (So zum Beispiel Albert Schweitzer)? Oder war es gar ein Vorgang, der sich nur mit marxistischen Vorstellungen erklären lässt – wie Leonardo Boff es mit seiner These von der Diskriminierung der Gemeindemitglieder versucht hat: Die „Amtsträger" hätten ihnen die „Mittel zur religiösen Symbolproduktion" entzogen und dazu eine Theologie des Amtes entwickelt, um allein Macht auszuüben …?[59]

Heute gelten solche Theorien über das Werden des Amtes in der Kirche weithin als durch die Forschung überwunden. Man spricht von „Frühkatholizismus", also von einer Ämterstruktur der Gemeinden schon zu apostolischer Zeit. Walter Kasper fasst zusammen: „Liest und versteht man die Bibel als ganze, dann kann eigentlich kein Zweifel daran bestehen, dass es in den neutestamentlichen Gemeinden von Anfang an Gemeindeämter gab und dass sich im Neuen Testament schon früh alle wesentlichen Elemente eines sogenannten heiligen Rechts herausbildeten."[60]

Nun ist es sicherlich nicht notwendig, alles, was in der Kirche von heute gelten soll, schon aus dem neuen Testament historisch nachzuweisen. Die Dogmatik – und so auch die Ekklesiologie – spricht von Entwicklung: Die einmal insgesamt gegebene Offenbarung wird im Lauf der Zeit im Forschen, Beten und Denken der Kirche immer tiefer erkannt, und zu klaren Ergebnissen geführt, die dann zum festen Bestand des Glaubens gehören und nicht mehr verloren gehen. Der Kirche ist der Geist verheißen, „der alles lehren wird" (Joh 14,26). Darum muss ein Konzil, wenn es über Grundstrukturen der Kirche spricht, nicht abwarten, was die Professoren bei ihrer historisch-kritischen Bibelarbeit gerade als neuesten Stand über das Antlitz der Urkirche herausgefunden haben. Dennoch ist es für uns überaus hilfreich und weiterführend, wenn die Ansätze unserer Darlegung durch solche Arbeit sichtbar werden. Doch sei hier eine zusätzliche Überlegung empfohlen: Was sagt der Herr selber zum Thema Ämter?

Christus verfasst keine Gründungsurkunde und gibt seiner Kirche keinen Organisationsplan mit auf den Weg. Aber er tut Wichtigeres: Er identifiziert sich mit den Boten seines Reiches: „Wer euch hört, hört mich" (Lk 10, 16), „Wie mich der Vater gesandt hat, so sende ich euch" (Joh 20,21). In seinen Boten wird der Herr selber zum Gegenüber der Gemeinde. Bedenkt man, dass die Evangelisten die Worte und Taten des Herrn für die Gemeinden der Urkirche niedergeschrieben haben, so muss angenommen werden, dass sie bei der Überlieferung solcher Herrenworte die Verkünder im Blick hatten, die mit diesen Gemeinden das Brotbrechen gefeiert und die Lehre der Apostel (Apg 2,42) erläutert haben. So kann man – unabhängig von der Frage, ob hier Herrenworte wörtlich zitiert werden – von einem Bewusstsein, ja von einer Glaubensüberzeugung der Urkirche ausgehen: In den Vorstehern der Gemeinde begegnet uns der Herr. Und damit erfährt unsere Darlegung von der „polar gebauten Kirche" eine zusätzliche Bekräftigung.

Priestertum – eine männliche Berufung

In der Konsequenz unserer Gedanken liegt also die Einsicht, dass wir die Polarität in der Kirche beachten und beleben müssen. Dazu gehört, dass das Priesteramt ohne Wenn und Aber als männliche Berufung gesehen wird.

Frauen sollen gewiss das Bild der Kirche prägen, stärker als bisher. Sie können ganz sicher auch viele, mit dem Priesterberuf verbundene Aufgaben erfüllen, oft besser als der Priester selber, können ihm beistehen in seinem Dienst als Hirt, als Seelsorger, als Leiter der Gemeinde. Indessen: *Bräutigam* kann nur ein Mann sein. Wenn die Grundstruktur der Kirche im Sinne der biblischen Brautmystik ernst genommen, als Realität verstanden wird, kann die Kirche nur Männer zu Priestern weihen.

Zu diesem Thema ist schon außerordentlich viel Bedenkenswertes vorgetragen worden. Dabei können wir hier alles außer Acht lassen, was unter gängigen Parolen wie „Gleichberechtigung", „Machtbeteiligung", „Anti-Diskriminierung" und dergleichen daher kommt oder ohne theologische Überlegungen zur Behebung des Priestermangels vorgeschlagen wird. Wir müssen nach der von Gott gegebenen Grundstruktur der Kirche fragen, nach seinem Willen also, der hier allein maßgebend sein darf. Hier aber sind dringende Wünsche zu äußern.

Zum einen: Es genügt nicht, nur einfach das Kirchenrecht oder die Weisungen Roms zu zitieren. Gewiss ist hier die Lage sonnenklar. Papst Johannes Paul II. hat sich ganz deutlich geäußert: „Damit also jeder Zweifel bezüglich der bedeutenden Angelegenheit, die die göttliche Verfassung der Kirche selber betrifft, beseitigt wird, erkläre ich kraft meines Amtes, die Brüder zu stärken (Lk

22,32), dass die Kirche keinerlei Vollmacht hat, Frauen die Priesterweihe zu spenden, und dass sich alle Gläubigen endgültig an diese Entscheidung zu halten haben.[61]" Das soll gewiss auch hier geschehen, aber es befreit uns nicht von der Aufgabe, uns mit den theologischen Gründen für diese Entscheidung zu befassen. Zwei jüngere Stellungnahmen von besonderem Gewicht sind hier zu erwähnen:

Hanna-Barbara Gerl-Falkovitz trägt vor allem zwei Gründe vor. Zum einen: Jesus hatte – entgegen seiner sonstigen Gewohnheit – im Abendmahlsaal, also beim entscheidenden Akt der Einsetzung seiner „memoria", nur die männlichen Apostel um sich – ein Argument, mit dem zweifellos der Kern der Sache getroffen wird. Denn maßgebend ist, wem Jesus im Abendmahlsaal „Tut dies zu meinem Gedächtnis" zugerufen hat. Sein Wille entscheidet. Und doch darf man weiter fragen: Warum handelte er so? Weiter sagt H.-B. Gerl-Falkovitz: „Wir dürfen nicht das hohe Gewicht der kirchlichen Lehre- und Praxistradition geringschätzen, in der es keinen Platz für die Frauen-Ordination gibt." Die Geschichte – so gibt sie zu bedenken – sollte von uns nicht als „erledigte Vergangenheit", sondern als „Gestaltungskraft für die Gegenwart" bewertet werden – eine Bemerkung, für die man ihr danken sollte, zur Beherzigung für alle, die „auf neue Art Kirche sein" möchten und dies für ein in sich schlüssiges theologisches Argument halten – als läge nicht die Beweislast immer bei dem, der eine Tradition der Kirche ändern will.[62]

Von der Tradition her argumentiert auch Klaus Berger.[63] Mit einer beeindruckenden Kenntnis der ur- und frühchristlichen Literatur, auch der „apokryphen" und sogar häretischen Schriften, weist er nach, dass es im frühen Christentum – innerhalb wie außerhalb der katholischen Kirche – nur die Tradition der Männer-Ordination gibt. Es bleibt aber auch hier die Aufgabe, nach den inneren Gründen einer Tradition zu fragen – nicht, um sie zu bezweifeln, sondern um sie tiefer zu verstehen.

Bei unserem biblischen Streifzug haben wir den ewigen Gott als „Partner" entdeckt, der sich der Menschheit widmet [64]. Wir haben Christus in seiner Hingabe an uns betrachtet. Was uns die göttliche Offenbarung hier mitteilt, ist klar als eine männlich-weibliche Partnerschaft erkennbar. Der ewige Gott wird uns in der unendlichen Fülle und Vielseitigkeit seiner Eigenschaften nahe gebracht, unter vielen Namen und Bildern, wird aber nicht ein einziges Mal als weibliche Gottheit oder „Göttin" beschrieben.[65] Christus, der Erlöser, kommt als Mann zur Welt, und mit dieser Prägung der Inkarnation wird der Erlösung der Charakter einer männlich-weiblichen Partnerschaft gegeben. Der Priester wird – wie wir betrachtet haben – durch die Weihe in diese Partnerschaft einbezogen und in seinem Wesen geprägt. Ein weibliches Priestertum würde darum den Grund-Duktus der Erlösung und damit die göttliche Offenbarung selbst zerstören. Die Entschiedenheit, mit der Papst Johannes Paul II. derartige Tendenzen zurückgewiesen hat, ist aus diesem Zusammenhang zu erklären. Ihm geht es nicht um eine Zurücksetzung der Frau, sondern um das Ernstnehmen und die Hochschätzung der göttlichen Offenbarung, die für all unser Bemühen Richtschnur sein und Grenzen setzen muss.

So wird hier der theologischen Arbeit ein Weg gewiesen, der mit Freude, Neugier und Entschlossenheit beschritten werden sollte: vom biblischen Gottesbild ausgehend neu über den Menschen nachzudenken, eine reiche Metaphysik der Geschlechter zu entfalten – und damit gerade der heutigen Gesellschaft eine Hilfe zur

Bewahrung der Menschenwürde bei Frau und Mann zu geben, der Kirche aber neue Impulse zur Entdeckung und Entfaltung ihres eigenen Wesens. Hier könnte sich, gerade durch die enge Bindung an Schrift und Lehramt, ein weites Feld für kreatives Denken öffnen – viel eher jedenfalls als durch den törichten Versuch, die Heilige Schrift durch angeblich „gerechte Sprache" dem feministischen Zeitgeist anzupassen.[66]

Zum Thema „Priestertum der Frau" wird zuweilen ein „ökumenisches" Argument vorgetragen: In den evangelischen Kirchen habe man doch gute Erfahrungen mit den Pastorinnen gemacht – warum solle Rom da nicht gleichziehen: zur Minderung des Priestermangels und zur ökumenischen Annäherung? Aber bei dieser Frage wird die Tatsache übersehen, dass es im Protestantismus gar keine Priesterweihe gibt, und dass vieles, was den evangelischen Pastorinnen durch ihre Einsetzung aufgetragen wird, auch von katholischen Pastoral- und Gemeindereferentinnen geleistet werden kann – freilich nicht das Handeln „in persona Christi" bei der Eucharistie. Aber der Vorsitz beim Abendmahl steht, wenn man die protestantischen Bekenntnisschriften genau nimmt, dort im Grundsatz ohnehin jedem Gemeindemitglied zu – die Situation ist also nicht vergleichbar. Engagierte Ökumeniker bedauern übrigens, dass die protestantischen Kirchen nach dem Zweiten Weltkrieg die bis dahin gemeinsame Tradition des geistlichen Standes als Männersache verlassen haben, und sie weisen darauf hin, dass dadurch ein neues ökumenisches Hindernis zu den Katholiken und Orthodoxen, also zu mehr als drei Vierteln der Christenheit, erzeugt worden sei.

Das Priestertum ist eine männliche Berufung: Je klarer dies erkannt wird, desto eher dürfte es für junge Männer wieder attraktiver werden. Natürlich dürfen in unseren Priesterseminaren keine Machos heranwachsen. Mit Recht weist H.-B. Gerl-Falkovitz auf die „weiblichen“ Eigenschaften Jesu hin. Christus eindeutig als Mann zu sehen, bedeutet nicht, diese Charakterzüge zu ignorieren.[67] Er ist nicht weniger Mann, wenn er Güte walten lässt, wenn er Kinder segnend in seine Arme nimmt oder sein Wirken mit der Fürsorge einer Henne für ihre Küken vergleicht. Immer wieder hebt er auch die „weiblichen“ Eigenschaften des ewigen Gottes hervor – und redet ihn doch ausschließlich als „Vater“ an. So weist er uns darauf hin, dass gerade diese Eigenschaften der echten Männlichkeit nicht widersprechen, dass sie vielmehr zur Reife einer männlichen Persönlichkeit gehören.

Echte Männlichkeit: Dürfen homosexuell veranlagte Männer Priester werden? Dazu ist als Argument vorgetragen worden: Da der Zölibatär doch ohnehin auf die Ausübung seiner Sexualität verzichte, sei es gleichgültig, ob diese homo- oder heterosexuell geprägt sei – ein überaus kurzsichtiger Gedanke. Die männliche Prägung des Priesters ist keine Frage der körperlichen Sexualbetätigung, sondern seiner Gesamtpersönlichkeit. Ob die männlich-weibliche Partnerschaft des Priesters mit der Gemeinde bei starker homoerotischer Prägung gelebt werden kann, ist nicht nur von der Psychologie her zu beurteilen. Manfred Hauke sieht hier die „Vertretung Christi, des Bräutigams“ gefährdet und schreibt: „Die Zulassung von Kandidaten mit tief verwurzelten gleichgeschlechtlichen Neigungen ist abzulehnen, nicht nur aufgrund der bekannten Skandale, welche die Glaubwürdigkeit der Kirche ruinieren, sondern auch aus genuin theologischen Gründen.“[68]

Wer Priester werden will, muss sich sicher sein, dass er darin auch eine männliche Erfüllung findet – gelebt in der männlich geprägten Gemeinschaft seiner Mitbrüder und in der Partnerschaft mit seiner Gemeinde. Die immer wieder aufflammenden Diskussionen um das Frauenpriestertum ziehen dieses Lebensideal ins Unklare und vernichten so möglicherweise manchen Priesterberuf.

Zölibat als Partnerschaft

Seit Jahren gehen die Wogen hoch, wenn das Thema „Zölibat" diskutiert wird, und in unserem Zusammenhang ist zu prüfen: Tragen unsere Überlegungen zur Klärung des Problems bei? Fällt von unseren Einsichten über die bräutliche Partnerschaft von Priester und Gemeinde ein klärendes Licht auf diese heiß umstrittene Frage?

Dazu ein erster Vorschlag: Es ist an der Zeit, die Begründung der priesterlichen Ehelosigkeit abzukoppeln vom Zölibat der Mönche und Ordensleute. Natürlich ist es Unfug, wenn gelegentlich gesagt wird, aus dieser Diskussion möchten sich doch die Mönche heraushalten, denn es ginge sie nichts an. Eine Frage, die die Zukunft der Kirche betrifft, geht alle an, gerade auch diejenigen, die durch ihre Lebensform eine ganz besondere Nähe zum Evangelium gewählt haben. Aber eines stimmt: Es ist nicht ihr Lebensthema.

Dies wird besonders deutlich, wenn man einmal das polemische Wort vom „Zwangszölibat" aufgreift. Wenn dieser Begriff überhaupt irgendwo einen Sinn haben sollte, dann jedenfalls nicht beim Mönch. Ordensleben bedeutet Abstand von der „Welt" um Christi willen, bedeutet „alternativ" leben, „eschatologisch", verzichten im Ausblick auf die Ewigkeit. Deshalb wählt der Mönch Armut, Ehelosigkeit und Gehorsam. Deshalb sucht er die Gemeinschaft des Ordens. Diese „evangelischen Räte" stehen bei seiner Lebensentscheidung am Anfang. Er kann dann darüber hinaus noch Priester werden. Aber die Entscheidung für den Zölibat ist vorher gefallen. Ein Mönch ohne Zölibat ist undenkbar, ist ein Widerspruch in sich.

Anders beim jungen Mann, der Weltpriester werden will. Für

ihn ist die logische Reihenfolge der Lebensentscheidungen umgekehrt: Am Anfang steht die Berufung zum Priestertum, und erst als Konsequenz daraus ergibt sich der Zölibat, den die Kirche mit dem Priestertum verbindet. Ein Weltpriester ohne Zölibat ist also – vom Begriff her – denkbar. Wenn die Kirche die Ehelosigkeit bei ihm dennoch einfordert, muss sie dafür andere Gründe haben als beim Ordensmann. Es geht also um eine Frage unterschiedlicher Spiritualität.

Diese Unterscheidung ist in der Geschichte der Kirche – bis in unsere Tage – keineswegs hinreichend beachtet worden. Mönche haben durch ihre konsequente Christusnachfolge immer wieder starken Einfluss ausgeübt – und damit auch den Lebensstil der Bischöfe und Gemeindepriester beeinflusst. Abt Gregor Henckel von Donnersmarck von Heiligenkreuz bei Wien konstatiert: „So wurden diese mönchischen Aspekte – Ehelosigkeit und Keuschheit – auf das Priestertum übertragen."[69] Das hat ganz gewiss immer wieder zur Erneuerung des Klerus beigetragen. Es hat aber auch verhindert, dass sich eine ausgeprägte Spiritualität der Weltpriester bildete. Heinz Schürmann bedauert, dass die Kirche von den frühesten Jahrhunderten an bis zu Philipp Neri und Vinzenz Pallotti immer wieder die Neigung gehabt hat, Erneuerungsbewegungen bei Weltpriestern in die Ordnung von Orden zu drängen. Er schreibt: „So wurde das Verständnis, die Lebensform und Spiritualität des Säkularpriesters durch die Jahrhunderte hin immer wieder von den Lebensformen und der Spiritualität des Mönchtums bzw. des Ordensstandes … her verformt."[70] Schürmann folgt aber dann kaum seiner eigenen Forderung, wenn er den Zölibat des Priesters aus der „Armut des Knechtes" ableitet, die der Priester in der besonderen Nachfolge Christi übernommen habe: Ist das nicht ein typisch monastisches Ideal? Und so bleiben die meisten Autoren, die sich in unserer Zeit um das geistliche Leben und die Grundeinstellung der Priester kümmern, bei Gedanken, die entweder vom Mönchtum herkommen oder für alle gelten. So zum Beispiel, wenn ein so tief schürfender Theologe wie Gisbert Greshake[71] den Zölibat aus der Nachfolge Christi begründet: Dazu ist aber jeder Christ berufen, wenn auch nicht in gleicher Weise. Es kommt doch gerade darauf an zu begründen, warum die besondere Nachfolge Christi beim Priester auch in der Ehelosigkeit besteht. Einen „höheren Grad von Christusnachfolge" von ihm zu fordern und damit den Zölibat zu begründen, genügt nicht, denn sein Priestertum unterscheidet sich vom dem der Laien nicht dem Grade, sondern dem Wesen nach. Er bleibt nicht ehelos, weil er etwa Christus intensiver nachfolgt als die verheirateten Laien, sondern weil er der Gemeinde als Bräutigam in persona Christi gegenübergestellt ist. Es ist an der Zeit, den Zölibat nicht aszetisch, sondern *ekklesiologisch* zu begründen, also nicht aus der besonderen „Heiligkeit", zu der der Priester berufen ist, sondern aus seiner geistlichen Stellung in der Kirche.

Der Priester als „Bräutigam". Wir hatten gesehen, dass derartige Bilder nicht der frommen Erbauung dienen sollen, dass sie vielmehr Wirklichkeiten beschreiben. So gilt für den Priester: Er *heißt* nicht nur Bräutigam der Kirche, er *ist* es. Was liegt näher, als diese Berufung auch in die Lebensform des Priesters zu übertragen, ganz einfach ausgedrückt: Der Priester heiratet nicht, weil er verheiratet ist. Sein ehelicher Bund mit der Kirche, in den er als Repräsentant des Bräutigams Christus eingetreten ist, fordert seine vollständige Hingabe. Papst Paul VI. schreibt: „Ergriffen von Christus und zur Ganzhingabe an ihn geführt, wird der Priester Christus auch durch jene Liebe ähnlicher, mit der der Ewige Priester seinen Leib, die

Kirche, geliebt und sich ganz für sie hingegeben hat, um sie als herrliche, heilige und makellose Braut zu bereiten. Die gottgeweihte Jungfräulichkeit der Priester macht in der Tat die jungfräuliche Liebe Christi zu seiner Kirche und zugleich die übernatürliche Fruchtbarkeit dieses Ehebundes sichtbar."[72] Eine wichtige Folgerung aus dieser und aus vielen ähnlichen päpstlichen Aussagen: Das im Zölibat gelebte Priestertum ist ein Ehebund. Es ist widersinnig, wenn man Ehe und Zölibat gegen einander ausspielt. Beiden Lebensformen gemeinsam ist die Bindung in Hingabe. Christliche Eheleute und zölibatäre, im Ehebund mit der Kirche lebende Priester stehen in einer Front gegen die Bindungslosigkeit der Zeit.

In der Konsequenz unserer Gedanken über Christus, den göttlichen Bräutigam, liegt also eindeutig die zölibatäre Lebensform der Priester. Die Kirche hat klar das Recht, sie zur Regel zu machen. Das schließt nicht aus, dass in Diözesen des östlichen Ritus der katholischen Kirche eine andere Zölibatsregelung gilt und es dort verheiratete Priester gibt, die vorbildlich leben und wirken. Auch sollte man gern akzeptieren, dass die Kirche verheirateten protestantischen und anglikanischen Geistlichen, die katholisch werden, die Priesterweihe nicht verweigert. Zumeist sind diese nämlich gerade wegen des fehlenden Weihesakramentes in tiefe Zweifel über ihr Leben und Wirken als Pastoren geraten und haben so den Weg zur katholischen Kirche gefunden. Überdies sind gerade sie in der Regel von der hohen Bedeutung des Priesterzölibats überzeugt, auch wenn sie selber auf anderen Wegen geführt worden sind.

Bei seinem Deutschlandbesuch 2011 hat Papst Benedikt gemahnt, den Tendenzen zur Verweltlichung der Kirche zu widerstehen. Die Kirche kann neue Glaubwürdigkeit in der Welt nur gewinnen, wenn sie „zuerst das Reich Gottes sucht" und damit rechnet, dass ihr „alles andere dazu gegeben wird“ (Mt 6,33). Dies verlangt auch in den Gemeinden und Gremien der Kirche einen anderen Umgang mit der Zölibatsfrage.

Für den Priester ist der Zölibat eine Sache der Entscheidung, einer uneingeschränkten Hingabe. Eine Entscheidung ist er aber nicht nur für den Priester, der „in der Person Christi“ den bräutlichen Bund leben will, sondern auch für die Gemeinde, der seine Hingabe gilt. Wenn diese nicht auch ihrerseits den Bund voll annimmt, wird er labil.

Mit ständig neuen Diskussionen über Notwendigkeit und Nicht-Notwendigkeit ist ein Lebensbund nicht lebbar. Wer mag sich als junger Mann verbinden mit einer Partnerin, die nur halb entschlossen ist, die immer wieder fragt, ob solche Total-Hingabe denn nötig sei und ob ihre „Versorgung“ nicht auch ohne diese Hochform der Hingabe sicher gestellt werden könne! So ist das immer neue Anheizen der Zölibatsdiskussion ohne Zweifel eine der Hauptursachen für den Priestermangel in Deutschland.

Die Betreiber dieses Dauerthemas mögen sich einmal in die Situation eines Neupriesters versetzen: Da hat er, zweifellos nicht ohne innere Kämpfe, den Entschluss gefasst, mit Gottes Hilfe der Kirche sein Leben total zu schenken, seine Liebe zur Kirche und Gemeinde ohne Einschränkung zu vollziehen – und dann wird er auf Schritt und Tritt gefragt, ob das denn nötig sei. Muss er da nicht das Gefühl bekommen: Die wollen mich ja gar nicht „mit Haut und Haaren“? Gibt es etwas Frustrierenderes als eine nicht oder nur halb angenommene Hingabe? Könnte ein junger Ehemann es verkraften, wenn seine Frau ihn immer wieder fragt, ob sie allein ihm wirklich genüge, ob es nicht übertrieben sei, wenn seine Hingabe allein ihr gelte?

In der Dorf-Idylle?

Gewiss wird mancher, der unserem Gedankengang bisher gefolgt ist, kritisch fragen: Wie soll der Priester seinen Status als Bräutigam der Kirche, der Gemeinde, unter heutigen Bedingungen denn konkret leben, wenn ihm bei zunehmendem Priestermangel zwei, drei oder mehr Gemeinden anvertraut werden, wenn er auf Grund von pastoralen Planungen, die nach Prinzipien des Managements vollzogen werden, so schnell von einer Gemeinde in die andere versetzt wird, dass er kaum Wurzeln schlagen kann? Oder wenn er gar Sonderaufgaben zu erfüllen hat, die eine emotionale Bindung an eine bestimmte Gemeinde gar nicht aufkommen lassen? Wenn zunehmend von „seelsorglichen Räumen" statt von „Gemeinden" die Rede ist – wodurch schon sprachlich das personale Element aufgegeben und durch eine Aufgabenbeschreibung ersetzt wird? Überhaupt: Wenn die Zahl der Gemeindemitglieder, für die er da ist, ins Uferlose wächst oder er in der Diaspora ständig unterwegs sein muss, um seine weit verstreut lebenden Kleingemeinden zu besuchen?

Dazu zunächst: Wenn die bräutliche Partnerschaft Priester-Gemeinde eine geistliche Wirklichkeit ist, von Christus gestiftet, dann kann sie in ihrer Existenz nicht abhängen von der Einbindung in eine bestimmte soziologische Form, etwa in die Idylle eines Dorfpfarrers, der jeden in seiner Gemeinde kennt und Zeit hat, sich dem einzelnen zu widmen. Wo ein solches, auch menschlich und emotional segensreiches Miteinander noch möglich ist, soll man es nicht um der bloßen Modernisierung willen einfach abschaffen. Indessen: Darf man es unter heutigen, zumeist völlig anderen Verhältnissen immer noch als die anzustrebende Lebensform ansehen? Soll man überhaupt nach einem einzigen, überall gültigen Modell suchen, nach dem Priestertum echt gelebt werden kann?

Die Geschichte der Kirche lehrt, dass es ein allein gültiges Standardmodell nicht geben kann. In all den Jahrhunderten haben Priester und Gemeinden in immer wieder anderen Formen miteinander gelebt, angefangen von den iroschottischen Wanderpredigern über die Team-Seelsorge der Prämonstratenser im hohen Mittelalter bis hin zur durchorganisierten Großstadtgemeinde des 20. Jahrhunderts. Und zuweilen ist dabei ein lebendiges Miteinander geglückt, obwohl Zahlen und Entfernungen dagegen sprachen. Paulus war kein Dorfpfarrer, er reiste vielmehr unermüdlich von einer Stadt, auch Großstadt, zur anderen. Dennoch gelang es ihm in erstaunlichem Maße, jeweils eine tiefe, auch emotionale Bindung zur Gemeinde zu knüpfen, man denke nur an seinen tränenreichen Abschied in Milet (Apg 20,36).

Ist dergleichen unter heutigen Bedingungen noch möglich? Gewiss kann nichts die persönliche Nähe ersetzen, die den Bund Priester-Gemeinde auszeichnen sollte. Aber könnten dafür auch neue Chancen entstehen? Zur Zeit erleben wir, wie die neuen elektronischen Medien das Beziehungsgeflecht der Menschen rasend schnell verändern, wie sie gewachsene Formen von Gemeinschaft verkümmern, andere neu aufkommen lassen, auch neue Wege ganz persönlicher Begegnung eröffnen: Ob sich hier, zum Beispiel, auch neue Wege für Priester und Gemeinde auftun?

Der entscheidende Ort für die Begegnung, um die es uns hier geht, ist aber immer die Eucharistiefeier. Der Priestermangel ist ein Notstand – das muss unumwunden zugegeben werden. Und zur Lösung des Problems muss an allererster Stelle das Gebet um geistliche Berufe gepflegt werden. Aus Notsituationen sind aber immer wieder auch neue Chancen erwachsen. So müssen die Pastoralplaner von heute nach den besten Wegen für unsere Zeit suchen – zuweilen auch im Blick zurück: Nicht alles war falsch, was frühere Zeiten hervorgebracht haben. Es wäre eine überaus lohnende Aufgabe für unsere Historiker, zu zeigen, wie vielfältig die Formen des gemeindlichen Lebens im Lauf der Jahrhunderte gewesen sind, wie sich seit Paulus' Zeiten das Miteinander von Hirt und Herde geändert hat – wobei vielleicht sogar überraschende Parallelen entdeckt werden: Auch die Bischöfe von heute sind Dauer-Reisende, ständig unterwegs zu den zahlreichen Gemeinden ihres Bistums, mit dem sie im Zeichen ihres Bischofsringes ehelich verbunden sind – und dabei müssen sie sich noch ständig wehren, nicht vom Organisations- und Gremienkatholizismus absorbiert zu werden.

Das Bild vom Priester als Bräutigam der Kirche ergibt also nicht einfach ein Planungsmodell für heute. Und vor allen planerischen Bemühungen ist zu bedenken, dass die geistliche Partnerin des Priesters zunächst die *Kirche als solche* ist. Das Eins-Werden mit Christus verbürgt dabei zugleich die Einheit des Presbyteriums, in die der Priester sich durch seinen Beruf gestellt sieht. Die große Aufgabe, die sich hier abzeichnet, kann nur gelöst werden, wenn wir nicht einfach planen und konstruieren. So notwendig und willkommen der Dienst der Psychologen und der Organisations-Fachleute ist: Wenn wir nicht in die Irre gehen wollen, müssen wir uns auf das theologische Wesen der priesterlichen Berufung besinnen. Je klarer dies gesehen und von den Gemeinden akzeptiert wird, desto mehr dürfen wir hier mit Gottes Hilfe rechnen.

Partnerschaftliche Liturgie

So aber sei es erlaubt, hier ein paar Vorschläge zur Diskussion zu stellen, wie das gewonnene Bild von der bräutlichen Partnerschaft des Priesters mit seiner Gemeinde in der Liturgie deutlich werden kann. Die katholische Messfeier ist dramatisch aufgebaut. Als sakrales „Schauspiel“ stellt sie die Hingabe des Gottessohnes Jesus Christus an seine Braut, die Kirche, dar. Darum vollzieht sich die Liturgie der heiligen Messe im ständigen Dialog zwischen Priester und Volk. Immer wieder ruft der Priester der Gemeinde zu: „Der Herr sei mit euch!“ – und empfängt den Gegengruß: „Und mit deinem Geiste!“ Es gehört zu den großen Errungenschaften der Liturgiereform nach dem Zweiten Vaticanum, dass die Gemeinde für diesen Dialog wieder Raum erhalten hat, sodass sie nicht nur der Messfeier andächtig, aber passiv „beiwohnt“, sondern ihren Part im Gespräch übernimmt. Im Zuge dieser Reform wurde vielerorts der Altarraum umgestaltet. „Volksaltäre“ wurden aufgestellt, so dass der Priester bei der Messfeier dem Volk nicht mehr den Rücken zuwendet, sondern ihm gegenüber steht. Das ist zuweilen auch bedauert worden, man vermisst die andere Seite des priesterlichen Dienstes: Er ist zwar aus der Gemeinde herausgerufen, ist ihr in der Person Christi gegenüber gestellt, aber er gehört auch zu ihr, steht mit ihr vor Gott, wie Augustinus sagt: „Für euch bin ich Bischof, mit euch bin ich Christ.“

Vielleicht müssen wir tatsächlich wieder mehr jene Gottesdienste pflegen, in denen Priester und Gläubige gemeinsam vor Gott stehen oder anbetend niederknien. Aber dabei sollten wir nicht in den Fehler verfallen, das sichtbare Gegenüber in der Messe abzuwerten und es wieder rückgängig zu machen, in der Vorstellung, dadurch etwas Katholisches zu retten. Tatsächlich würden wir damit nämlich eher eine Angleichung an den protestantischen Gottesdienst vollziehen: Hier steht der Pastor oder die Pastorin in der Regel mit dem Rücken zum Volk – völlig konsequent, denn nach protestantischem Verständnis ist er/sie nicht durch eine Weihe herausgerufen und der Gemeinde gegenüber gestellt.

Man soll in diesen Fragen keine Prinzipienreiterei betreiben und die Aussagekraft des Bildes „Bräutigam-Braut“ nicht überdehnen. An einigen Stellen der Messe aber besteht die Kirche mit Recht auf Genauigkeit. Zum Beispiel, wenn sie dem Priester oder Diakon in der Eucharistiefeier Evangelium und Predigt vorbehält. Hier wird nämlich die polare Grundstruktur der Messe besonders deutlich: Das Evangelienbuch wird in der festlichen Liturgie feierlich hereingetragen, mit Weihrauch geehrt, vom Priester erhoben und geküsst. In der Tradition der Kirche stehen die Texte der vier Evangelisten in besonderer Weise für das Wort Gottes, also für Christus selber. Er ist das Wort. Nicht nur, weil er wie kein anderer mit seiner ganzen Existenz hinter seinem Wort steht, sondern weil er sich selbst darin mitteilt. Der Priester, der „in persona Christi“ der Gemeinde gegenübersteht, vollzieht also auch in der Wortverkündigung einen Christus-Dienst, der sich von der Verkündigung durch Gemeindemitglieder „nicht nur dem Grade, sondern dem Wesen nach“ unterscheidet. Er verkörpert Christus – ein zeichenhafter Vollzug, fast wie bei einem Sakrament. Deshalb ist es angemessen, dass in der Eucharistiefeier das Evangelium nur von ihm – oder vom Diakon, der Anteil an der Priesterweihe hat – gelesen wird. Die anschließende Predigt (Homilie) setzt den Vorgang fort. Deshalb muss sich der Priester bemühen, keinen „Eigenvortrag“ zu halten, sondern ganz in dem Wort, also im Herrn, aufzugehen

– was selbstverständlich Bemühung um eine gute, aktuelle Predigt einschließt. Die Predigt muss um dieser zeichenhaften Bedeutung willen sein Dienst bleiben, auch wenn ein anderer es vielleicht „besser könnte".

In der Feier der Messe wird also das Gegenüber von Christus und der Kirche sichtbar – ein kostbares Bild, das nicht verschleiert werden sollte. Bei manchen Einzelheiten sollte man dies beachten. Zum Beispiel sollte der Priester möglichst nie das „Orate fratres" weglassen, mit dem er die Gemeinde um die Gabe des unterstützenden Gebets bittet. Hier sollte er nicht den Dialog kappen, sondern der Gemeinde die Chance geben, ihre Solidarität mit ihrem Hirten auszudrücken. Die Liturgie zeigt ein feines Gespür für den tiefen Sinn dieses Vorganges, wenn sie den Priester anleitet, um das Gebet für *„mein und euer* Opfer" zu bitten und so den vom Konzil betonten Unterschied vom gemeinsamen und vom Priestertum des Dienstes zu kennzeichnen. Es spricht für wenig Verständnis des Vorganges, wenn der Priester das *„mein und euer"* zu *„unser"* zusammenfasst.

Gerade in liturgischen Fragen wird man sich immer wieder neu auseinandersetzen. Dabei sollte aber nicht die Absicht im Vordergrund stehen, Neues durchzusetzen und damit den Gottesdienst zu modernisieren – ebenso wenig das Bemühen, Altes zu erhalten oder zurück zu gewinnen. Ein wichtiger Leitfaden könnte der Hauptgedanke unserer Überlegungen sein: Die Hingabe des Herrn sichtbar zu machen im Gegenüber von Priester und Gemeinde.

Das Prinzip Hingabe

Wir haben einen weiten Weg zurückgelegt. Ermutigt vom Konzil und von Theologen unserer Zeit haben wir uns in die Diskussion um das heiße Thema Priestertum und Gemeinde gestürzt – und dabei sehr bald bemerkt, dass man bei der Gottesfrage anfangen muss, wenn man etwas Handfestes zur Sache sagen möchte. Mit einer blassen Vorstellung vom „höheren Wesen über uns" kommen wir keinen Schritt weiter. Ein Streifzug durch die Bibel hat uns aber den ewigen Gott fast überraschend nahe gebracht: Er ist der Gott „für uns". Sein ganzes Wesen ist Hingabe. So können wir rückblickend sogar die *Schöpfung* unter diesen Gedanken stellen: Der Schöpfer teilt sich selber mit, alle seine Werke sind Abglanz seiner Herrlichkeit. Der Spitze der Schöpfung gibt er sogar Züge seines eigenen Wesens: Nach dem Bilde Gottes wurde der Mensch erschaffen.

Aus diesem Zusammenhang ist erkennbar, dass Gottes Hingabe an seine Schöpfung und ihre Krone, den Menschen, nicht „sekundär" ist, sondern prinzipiell, seinem göttlichen Wesen zutiefst zu eigen. Gewiss lehrt die Kirche, dass Gott die Welt aus freiem Entschluss geschaffen hat, erst recht, dass es keinen „inner-göttlichen Zwang" gab, sich erlösend der Welt zuzuwenden. Und doch hebt die Bibel Gottes Hingabe so deutlich hervor, dass diese nicht als etwas Zusätzliches, für unser Gottesverständnis Entbehrliches angesehen werden kann. So dürfen wir sagen: Seine Hingabe ist Prinzip. Oder, noch kühner: Gott ist Hingabe.[73]

Hingabe: Auch dem abtrünnigen, dem in Schuld und Ausweglosigkeit gestürzten Menschen neigt er sich zu. Seine Hingabe gipfelt darin, dass er uns seinen Sohn schenkt. Und weiter: Das

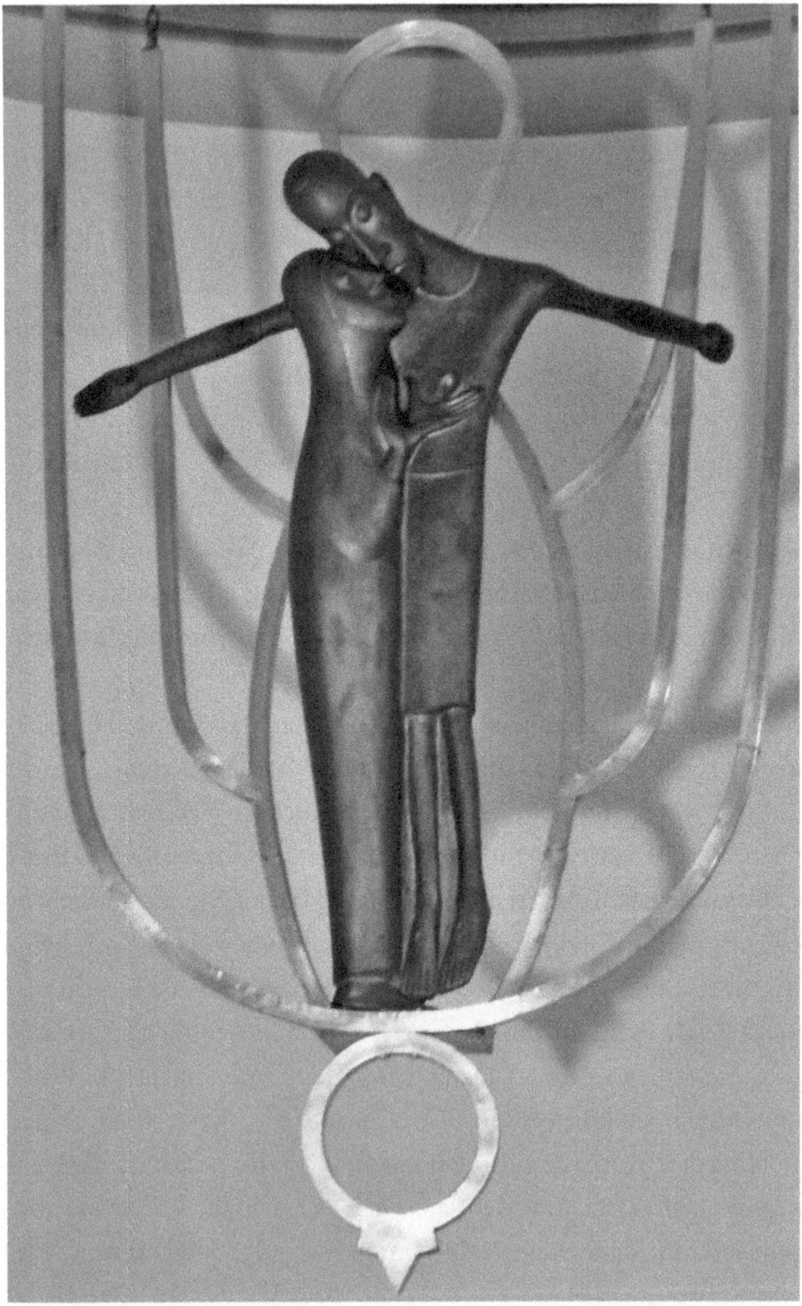

Erlösungswerk Jesu Christi ist eine einzige Hingabe an uns. Wir hatten gesehen, dass selbst das Kreuzesopfer, das er dem Vater darbringt, zugleich als Hingabe an seine Braut, die Kirche zu verstehen ist. Und so wurde uns neu bewusst, welche Tiefendimension der Dienst des Priesters hat, wenn er in der Person Christi dieses Opfer der Versöhnung feiert. Er steht als „Bräutigam Christus" der Gemeinde, seiner Braut, gegenüber. Und von diesem Bild her haben wir uns Gedanken über sein Leben und Wirken, über den Sinn seiner Ehelosigkeit gemacht, auch über das Wesen der Kirche selber, über ihren bräutlichen, ihren marianischen Charakter. An einigen Beispielen haben wir ausprobiert, wie man von dieser Grundauffassung her Diskussionsfragen der gemeindlichen Gegenwart anfassen könnte.

Jetzt stehen wir wieder vor dem Bild, das unsere Überlegungen ausgelöst hat. Eine Begegnung der Hingabe, der Liebe. Und wir spüren, dass wir selbst gemeint sind: An uns verschenkt sich der Herr. Da kann es, nach allen theologischen Überlegungen, am Ende doch nur darum gehen, dass wir, Priester und Laien, seine Hingabe annehmen und erwidern, und dass wir seine Mahnung ernst nehmen: „Liebt einander wie ich euch geliebt habe" (Joh 13,34).

Aber da bleibt doch noch eine Rückfrage: Lieben wie Christus? Verlieren wir da nicht den Boden unter den Füßen? Entwerfen wir da nicht ein unerreichbares Idealbild der Gemeinde? Überfordern wir nicht den Priester, wenn wir ihm zumuten, Jesu Hingabe zum Lebensinhalt, zum Maßstab zu nehmen? Kein Zweifel: Das wäre eine maßlose Überforderung, wenn wir dabei auf uns selbst, auf unsere eigenen Kräfte und Willensentschlüsse vertrauen wollten.

Indessen: Was wir hier miteinander bedacht haben, mündet

nicht ins Unerfüllbare, überhaupt nicht in ein Leistungsprogramm. Am Schluss unserer Überlegungen kommt uns noch einmal jener tüchtige Abt Joachim von Fiore zu Hilfe, zusammen mit den wackeren Konzilsvätern, die ihn vor achthundert Jahren so hart ausgebremst haben. „Denkt an eure Grenzen!“, ruft er uns zu. „Alles fällt unter die Regel, die mir auferlegt worden ist.“

In der Tat: Schon beim *Nachdenken* über Gott sollen wir beachten, dass alles, was wir erwägen, nur ein bisschen passt, dass wir nur einen Zipfel seines Wesens mit unseren Begriffen erreichen. Erst recht gilt dies für unser *Tun*: Nur ganz wenig erlangen wir von Christi innerer Größe, wenn wir seine Hingabe zu unserem Prinzip machen. Und doch sollten wir, Priester und Gemeinde, uns gegenseitig ermutigen: Brüder, reagiert nicht falsch auf diese Einsicht! Mindert nicht eurer Unzulänglichkeit wegen Jesu Herausforderung! Sie ist zu allererst ein *Geschenk,* das angenommen werden soll. Schaut auf die Taube des Heiligen Geistes, die unser Bild umfängt: Die Kraft kommt nicht von uns, sondern von ihm. Christi Priestertum, das gemeinsame wie das des Dienstes, ist eine unschätzbare Gabe. Und er weiß, dass wir sie in zerbrechlichen Gefäßen tragen (2 Kor 4,7).

Anmerkungen

[1] „Quia inter creatorem et creaturam non potest tanta similitudo notari, quin inter eos maior sit dissimilitudo notanda" Denzinger, Encheridion symbolorum, Freiburg 1951, Seite 202.

[2] Diatesseron des Ephräm, zitiert nach Brevierlektionar II/ 6, Seite 11.

[3] Enzyklika Mystici Corporis, 758/60.

[4] G. L. Müller, Mit der Kirche denken, Würzburg 2007, Seite 31.

[5] G.L. Müller, Katholischen Dogmatik, Freiburg 1995, Seite 5, Einleitung.

[6] Leonardo Boff, Kirche Charisma und Macht, deutsch: Düsseldorf 1985, Seite 50.

[7] Zweites Vatikanisches Konzil, Dogmatische Konstitution über die Kirche Lumen Gentium 2, 10.

[8] Zitiert nach der von den deutschen Bischöfen genehmigten und verbesserten Übersetzung von 1966, nach Lexikon für Theologie und Kirche - Das Zweite Vatikanische Konzil, Band I, Freiburg 1966, Seite 183. Warum Peter Hünermann im Enchiridion Denzinger, Freiburg 1991, den im Sinne des Dienens aussagekräftigen Begriff „ministeriale" mit „amtlich", also in einem eher vorkonziliaren Verständnis übersetzt, ist schwer verständlich.

[9] Papst Johannes Paul II.: Enzyklika Ecclesia de eucharistia.

[10] W. Kasper, Jesus, der Christus, Mainz 1975, Seite 142.

[11] G. L. Müller, a.a.O., Seite 374.

[12] Gotteslob 166, 2, Evangelisches Gesangbuch 62,2.

[13] J. Ratzinger, Einführung in das Christentum, München 1968, Seite 187.

[14] Otto Semmelroth, Die Kirche als Ursakrament, Frankfurt 1953, Seite 153.

[15] Müsste nicht diese wesentliche Eigenschaft Gottes in den theologischen Lehrbüchern von Anfang an, also schon im Abschnitt über Gottes Wesen, hervorgehoben werden? Müsste nicht bei der Aufzählung der Eigenschaften Gottes wie Allmacht, Unendlichkeit, Allwissenheit, auch dargestellt werden, dass er schon von seinem Wesen her der sich Hingebende ist, der sich Verschenkende? Ist das traditionelle Gottesbild der Schultheologie nicht zu sehr abgelöst von der Dramatik der Bibel? – Siehe auch Anmerkung Nr. 73

[16] So zum Beispiel der seinerzeit viel gelesene Joseph Bautz in seiner Dogmatik, Bd. 2, Seite 177, Mainz 1888.

[17] KKK Seite 188. An anderer Stelle (Seite 147) freilich nennt der Katechismus noch andere Gründe, weshalb Gottes Sohn Mensch wurde: damit wir die Liebe Gottes erkennen; um für uns Vorbild der Heiligkeit zu sein; um uns Anteil an seiner göttlichen Natur zu geben. Merkwürdiger Weise steht dann an dieser Stelle aber nichts vom Erlösungsopfer am Kreuz.

[18] Athanasius, Brief an Epiktet, Kap. 7, Köselsche Kirchenväterbibliothek, Band 13, Seite 511, Kempten und München 1913

[19] R. Guardini, Der Herr, Würzburg 1937.

[20] A.Spindeler, Erlösung in Christus, Celle 1947, Seite 44.

[21] Jesus der Christus, Mainz 1974, Seite 143.

[22] Ratzinger, a. a. O., Seite 205. Auch Alois Grillmeier sieht bei der Erläuterung unseres Konzilstextes die beiden Richtungen und somit die Teilnahme des Amtspriestertums an dieser doppelt gerichteten Mittlerschaft Christi. Er sieht allerdings die Richtung von oben nach unten nur bei „Verkündigung und Leitung“, die Richtung von unten nach oben nur in der Feier des eucharistischen Opfers. Diese Aufteilung ist durch Ratzingers Darlegung überwunden. Lexikon für Theologie und Kirche 1966, Konzilsband I, Seite 183 zu Lumen gentium.

[23] Enzyklika Pastores dabo vobis, 1992, Nr. 21.

[24] Es ist zu fragen, ob die Einsetzungsberichte nicht bereits auch selbst

die Richtung von oben nach unten für das Opfer des Herrn andeuten: Er vergießt sein Blut „für uns“: Darf das nur heißen „zu unserem Heil“, „an unserer Stelle“? Oder darf man es im Sinne eines Dativs verstehen? Dieses „pro multis“ und „pro vobis“ lautet bei Matthäus griechisch „*peri* pollón“, also „um der vielen willen“, bei Markus und Lukas aber „*hyper* pollón“, nach ursprünglicher Wortbedeutung also „über den vielen“, „über euch“. Das Blut, das über uns vergossen wird, könnte auch auf die Aussprengung des Blutes im alttestamentlichen Bundesschluss hinweisen. Die Sprachkundler weisen überdies darauf hin, dass in dem umgangssprachlichen Griechisch (Koiné) des Neuen Testamentes die Präpositionen sehr abgeschliffen sind und oft austauschbar verwendet werden, sodass die doppelte Sicht des „für uns“, um die es hier geht, von daher eine zusätzliche Möglichkeit bekommt.

[25] Wiard Popkes, Christus traditus, Zürich 1967.

[26] Walter Kasper macht darauf aufmerksam, dass die Hingabe Jesu in der Eucharistie nicht nur katabatisch (von oben nach unten), sondern auch anabatisch (von unten nach oben) zu verstehen ist – was von den Reformatoren abgelehnt, vom Tridentinischen Konzil aber unterstrichen wird. Kasper sieht beides in eins: „Der opfernden Hingabe Jesu an den Vater entspricht seine sich verzehrende Hingabe „*für die vielen*“. So macht sich Jesus im Abendmahl gerade in seiner Hingabe an den Vater zur Heilsgabe für die Menschen.“ W. Kasper, Theologie und Kirche, Mainz 1987, Seite 303/4.

[27] Semmelroth, a.a.O. Seite 158.

[28] Zitiert nach Stundenbuchlektionar I/7, S.72.

[29] Gaudium et spes II, Kap. 1, Nr.48.

[30] Sacrosanctum Concilium, Kap. 1, Nr.7.

[31] Enzyklika Pastores dabo vobis, 15.

[32] Josef Sellmair in seinem einst viel gelesenen Buch „Der Priester in der Welt“, Regensburg 1953, Seite 34.

[33] K.Berger, Priesterweihe auch für Frauen? Münster 2012.

[34] Enzyklika Pastores dabo vobis 15.

[35] Dienst und Leben der Priester, Presbyterorum ordinis Kap. I / 2.

[36] Zeitschrift Theologie und Philosophie, Freiburg 1969, Heft 2, Seite 185.

[37] Einige Fragen bezüglich des Dieners der Eucharistie 1985, Nr. 5.– Zu fragen ist, ob die Kirche in ihrer Praxis dieser theologischen Definition hinreichend folgt, ob sie nicht zuweilen einem eher juristischen Amtsverständnis Vorschub leistet. So wird der Priester durch die Weihe grundsätzlich auch zum Spender der Firmung, er könnte ja sonst auch nicht firmen in den Fällen, wo das Kirchenrecht ihm diese Aufgabe ausdrücklich überträgt (Can. 882 ff.). Doch bleibt die gültige Firmspendung in der Regel dem Bischof vorbehalten. Würde ein Priester ohne die „von der zuständigen Autorität verliehene Befugnis" (Can. 884 §2) Gemeindemitglieder firmen, so wäre dies nicht nur unerlaubt, sondern ungültig, das Sakrament käme nicht zu Stande. Dies fördert die irrige Vorstellung, die Vollmacht, ein Sakrament zu spenden, entstehe nicht durch die Weihe, sondern durch einen juristischen Akt. Da darf man sich nicht wundern, wenn – wie geschehen – Pastoralreferenten die „Vollmacht" der Krankensalbung anstreben. Bei der Firmung ist auch aus praktischen Gründen zu fragen, ob sie nicht im Normalfall vom Pfarrer gespendet werden sollte. Das würde die jahrgangsweise Vorbereitung ermöglichen und die Spendung zu Pfingsten, am Hochfest des Heiligen Geistes. Der Bischof wäre bei seinen Pastoralbesuchen nicht unnötig auf dieses Sakrament fixiert.

[38] Lumen gentium, s.o.

[39] Lumen gentium 1,6.

[40] Priestertum heute, Köln 1972.

[41] Lumen gentium 1, 7, letzter Absatz.

[42] Enzyklika Mystici corporis von 1943, Teil 3, I, 1.

[43] Augustinus, Auslegung des Johannesevangeliums, zitiert nach Brevierlektionar II/2, Seite 184.

[44] Semmelroth, a.a.O., Seite 63 und 181.

[45] Acta apostolici sedis 1916, 8/146.

[46] Brief des Kardinals Merry del Val an den Bischof von Adria.

[47] Gisbert Greshake, Priester sein, Freiburg 1982, Seite 93 ff. – Walter Kardinal Kasper, Katholische Kirche, Wesen, Wirklichkeit, Sendung, Freiburg 2011, Seite 345.

[48] H.U. von Balthasar, Klarstellungen, Freiburg 1971, Seite 69.

[49] B. Beckmann-Zöller, Frauen bewegen die Päpste, Augsburg 2012.

[50] Manfred Hauke, Gott oder Göttin, Feministische Theologie auf dem Prüfstand, Aachen 1993

[51] Gabriele Kuby, Die globale sexuelle Revolution – Zerstörung der Freiheit, Kisslegg 2012.

[52] Barbara von Hallensleben bemerkt in diesem Zusammenhang zum römischen Schreiben über die Zusammenarbeit von Mann und Frau vom Juli 2004: „Das Dokument regt dazu an, über Aspekte unseres Menschseins nachzudenken, die so selbstverständlich scheinen und doch kaum näher durchdacht werden. Es gibt ja nicht den Menschen, sondern wir begegnen einander als Frauen und Männer. Wer ist der Mensch als Frau? Als Mann? Ist das Frau- und Mannsein ein Trick der Natur zur Erzeugung von Nachkommenschaft? Ist es ein Resultat kultureller Prägungen, die kriterienlos der Wandlung unterliegen?" Schweizer Kirchenzeitung Nr. 172 vom 12. 8. 2004.

[53] Weihnachtsansprache 2012 Papst Benedikts XVI. an das Kardinalskollegium, die Mitglieder der römischen Kurie und der „päpstlichen Familie", zitiert nach der Tagespost, Würzburg, vom 28. 12. 2012.

[54] M. Daly, Frau und Sexus, Olten 1970, Seite 135 ff.

[55] Als Beispiele seien hier wenige, sehr unterschiedliche Arbeiten ge-

nannt: Manfred Hauke, Gott oder Göttin (s.o.); Hanna-Barbara Gerl-Falkovitz, Frau – Männin – Menschin – Zwischen Feminismus und Gender, Kevelaer 2009; Leidenschaft *und* Fülle, Maß *und* Gerechtigkeit – Neun Versuche über Frauen, Kevelaer 2012; Gabriele Kuby, Die globale sexuelle Revolution (s.o).

[56] Herrmann Doms, Vom Sinn und Zweck der Ehe, Breslau 1935.

[57] Doms, Dieses Geheimnis ist groß, Köln 1960.

[58] Edith Stein Gesamtausgabe, Freiburg 2000, 13, 167 und 13,78.

[59] Leonardo Boff. Kirche, Charisma und Macht, Düsseldorf 1985, Seite 84 ff.

[60] Walter Kasper, Katholische Kirche (s.o.), Seite 275

[61] Enzyklika Ordinatio sacerdotalis, 22. Mai 1994.

[62] H. B. Gerl-Falkovitz: a.a.O.

[63] Klaus Berger, Priesterweihe auch für Frauen?, Münster 2012.

[64] Während „Partnerschaft" heute oft verstanden wird im Sinne einer losen, gar zeitlich begrenzten Liaison, ist bei unserer Darlegung immer eine feste, von Achtung und Liebe getragene Verbindung gemeint, entsprechend dem Sprachgebrauch vieler Theologen und offizieller kirchlicher Texte. So spricht das kirchliche Rechtsbuch von „Partnern", wo es das Wesen des Ehesakramentes beschreibt: CIC, Kanon 1057 ff.

[65] Wohl verwendet das AT weiblich geprägte Bilder und Vergleiche, um Eigenschaften Gottes zu beschreiben. So spricht Jahwe zur Tochter Zion: „Kann denn eine Frau ihr Kindlein vergessen, eine Mutter ihren leiblichen Sohn? Und selbst wenn sie ihn vergessen würde, ich vergesse dich nicht!" (Jes 49,14). Aber der springende Punkt bei diesen Vergleichen ist ja gerade, dass der mächtige, „männliche" Gott „weiblicher" Haltungen und Handlungsweisen fähig ist – kein Anlass, in Jahwe eine Muttergottheit zu sehen, eher, über die Einseitigkeit dessen nachzudenken, was man oft als „mannhaft" bezeichnet.

[66] Der Versuch, aus der Bibel die angebliche männliche Dominanz zu

eliminieren und das Wort Gottes in „gerechte Sprache“ umzusetzen (Gütersloher Verlagshaus), ist von dem langjährigen Chefredakteur der Evangelischen Zeitung (Hannover), Gerhard Isermann, einer vernichtenden Kritik unterzogen worden, und zwar auf Grund akribischer Untersuchung einer großen Zahl von Schriftstellen. Sein Fazit: Die „Übersetzerinnen“ wollten offenbar nicht eine andere „Übersetzung“, sondern eine andere Bibel. „Rückfragen zur „Bibel in gerechter Sprache“, Privatdruck Hannover 2007 (Gerhard Isermann, Liebigstraße 17, 30163 Hannover).

[67] Siehe oben Anmerkung 65

[68] Die Tagespost, Würzburg, Nr. 23 / 2011 .

[69] Ora @ labora, St. Pölten/Salzburg 2010, Seite 66.

[70] Im Knechtsdienst Christi, Freiburg 1985, Seite 9.

[71] G. Greshake, Priester sein, Freiburg 1982.

[72] Enzyklika Sacerdotalis caelibatus 1967.

[73] Gott ist Hingabe seinem innersten Wesen nach. Nimmt man diese Sicht ernst, so könnte sich ein altes Problem entschärfen: Wie denn die klare Lehre von dem absolut einen Gott mit dem Glauben an die drei Personen in der Dreifaltigkeit vereinbar sei? Zu fragen ist nämlich jetzt: Wie ist Hingabe denkbar bei nur einer Person? Wird sie nicht einsichtiger in den innertrinitarischen Beziehungen: Der Vater zeugt den Sohn, der Sohn geht aus dem Vater hervor, ist eines Wesens mit ihm, Sohn und Vater sind durch die Person des Heiligen Geistes, in der Liebe, ein Gott! Eine vorsichtige Überlegung, ganz im Bewusstsein der Begrenztheit unserer Begriffe: So könnte das ur-biblische „Prinzip Hingabe“ vielleicht sogar zu einer intensiveren Zuordnung der beiden großen Gottes-Traktate in der Theologie führen, der Lehre von dem einen (de deo uno) und der Lehre vom dreifaltigen Gott (de deo trino) – Siehe Anmerkung Nr. 15.